小学校学習指導要領準拠

全学年 計算まとめくん

この1冊で 計算 完全マスター

監修 向山洋一　　著者 板倉弘幸・師尾勇生・林健広・利田勇樹

ステージ1

全学年教科書計算まとめくん

計算つまずき検索一覧表つき

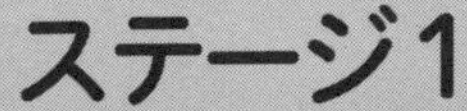

小学校教科書計算問題全パターン３０２

全パターン対応の計算問題が合計1162題

1年 100　2年 297　3年 280　4年 320　5年 95　6年 70

ステージ2

★論理的思考力で解く
・難問パズル計算まとめくん

★生活に役立つお金の計算
・お金計算まとめくん

★柔軟な発想力を鍛える
・ひらめき計算まとめくん

★中学入試問題にチャレンジ
・過去問計算まとめくん

騒人社

目　次

本書の特徴と使い方

1　小学校全学年の計算問題が学習できます。この一冊をできるようにしておけば、小学校の計算は完全マスターです。

ステージ１

・全学年教科書計算まとめくん

「小学校教科書計算問題全パターン 302」で計算のつまずきを検索することができます。①学年　②ページ　③問題番号から、間違えた問題が、④どのパターンでのつまずきか見つけます。（右図）つまずきのパターンの類似問題を練習し、つまずきを克服します。

問題数　　合計 1162

１年 100　２年 297　３年 280　４年 320　５年 95　６年 70

ステージ２

・難問パズル計算まとめくん　　　・お金計算まとめくん

・ひらめき計算まとめくん　　　・過去問計算まとめくん

それぞれ特徴のある計算まとめくんになっています。計算力を応用した問題で、さらに実力アップができます。

教室では、作業時間に差ができた場合に使うと効果的です。

2　ページの下に答えを配置し、子供が自分で採点できるようになっています。必要ならば、折り曲げ、答えをかくすこともできます。

3　各ページの QR コードからタブレットなどで問題を配付できます。

（右図）◆つまずきのパターンを見つける方法

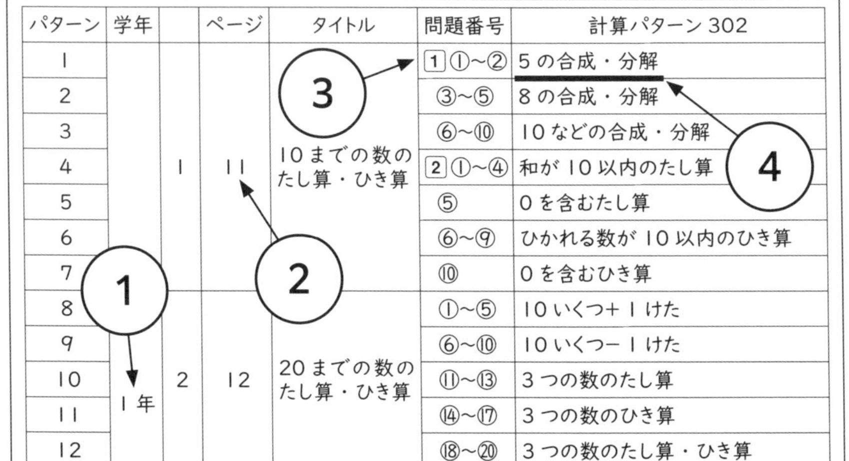

パターン	学年		ページ	タイトル	問題番号	計算パターン 302
1	１年	1	11	10までの数のたし算・ひき算	1 ①～②	5の合成・分解
2					③～⑤	8の合成・分解
3					⑥～⑩	10などの合成・分解
4					2 ①～④	和が10以内のたし算
5					⑤	0を含むたし算
6					⑥～⑨	ひかれる数が10以内のひき算
7					⑩	0を含むひき算
8		2	12	20までの数のたし算・ひき算	①～⑤	10いくつ＋1けた
9					⑥～⑩	10いくつ－1けた
10					⑪～⑬	3つの数のたし算
11					⑭～⑰	3つの数のひき算
12					⑱～⑳	3つの数のたし算・ひき算

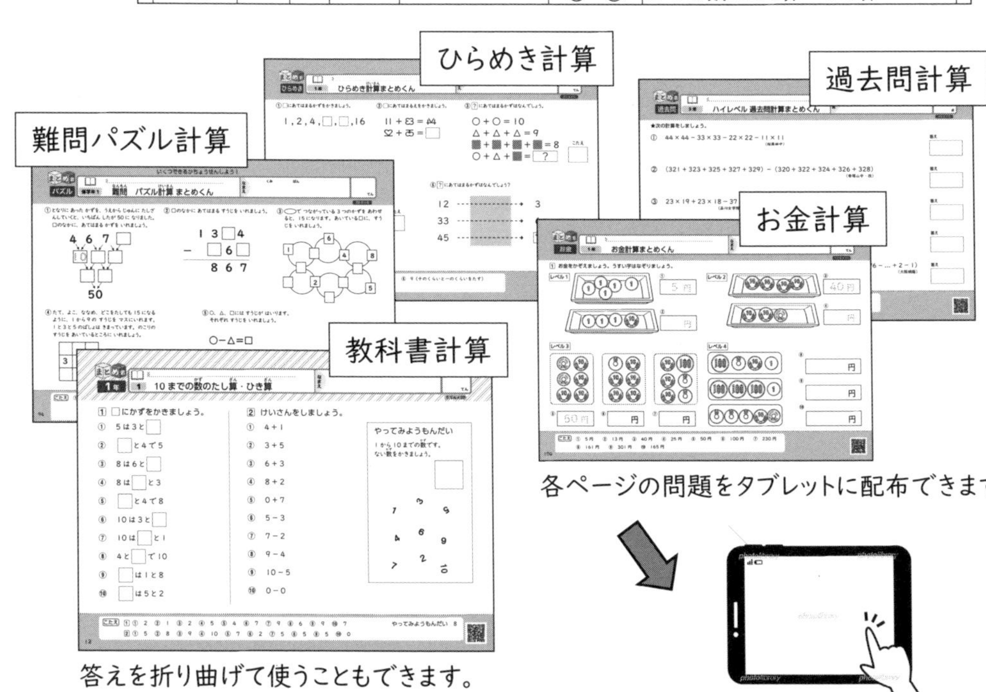

各ページの問題をタブレットに配布できます。

答えを折り曲げて使うこともできます。

ステージ1

小学校全学年教科書計算問題全パターン 302
全学年教科書計算まとめくん

小学校全学年教科書計算問題全パターン 302（計算つまずき検索）

パターン	学年		ページ	タイトル	問題番号	計算パターン 302
1	1年	1	11	10までの数のたし算・ひき算	1 ①～②	5の合成・分解
2					③～⑤	8の合成・分解
3					⑥～⑩	10などの合成・分解
4					2 ①～④	和が10以内のたし算
5					⑤	0を含むたし算
6					⑥～⑨	ひかれる数が10以内のひき算
7					⑩	0を含むひき算
8		2	12	20までの数のたし算・ひき算	①～⑤	10いくつ＋1けた
9					⑥～⑩	10いくつ－1けた
10					⑪～⑬	3つの数のたし算
11					⑭～⑰	3つの数のひき算
12					⑱～⑳	3つの数のたし算・ひき算
13		3	13	くり上がりのあるたし算	①～⑩	たされる数が9～6のたし算
14					⑪～⑳	主に数が小さいたされる数を分解
15		4	14	くり下がりのあるひき算	①～⑩	ひく数が9～5のひき算（主にひかれる数を分解）
16					⑪～⑳	ひかれる数とひく数の一の位の数の差が1か2
17		5	15	100までの数のたし算・ひき算	①～⑤	2けたと1けたのたし算
18					⑥～⑩	2けたと1けたのひき算
19					⑪～⑳	何十と何十のたし算・ひき算
20	2年	1	16	2けたの数のたし算	①～②	くり上がりなし
21					③～④	一の位が0
22					⑤～⑧	欠位
23					⑨～⑩	欠位と0
24					⑪～⑭	くり上がりあり
25	2年	1	16	2けたの数のたし算	⑮～⑰	答えの一の位が0
26					⑱～⑲	欠位
27					⑳	欠位と答えの一の位が0
28		2	17	2けたの数のひき算（1）	①～③	くり下がりなし
29					④	答えの一の位が0
30					⑤	ひく数に0あり
31					⑥～⑦	答えに欠位
32					⑧～⑨	ひく数に欠位
33					⑩	欠位、答えの一の位が0
34					⑪～⑳	2けた－2けた＝2けた
35		3	18	2けたの数のひき算（2）	①～⑤	何十－2けた
36					⑥～⑩	答えに欠位あり
37					⑪～⑮	ひく数に欠位あり
38					⑯～⑳	何十－1けた
39		4	19	3けたの数の計算	①～⑤	10を単位
40					⑥～⑩	100を単位
41					⑪～⑯	1、10、100を単位にしてたし算・ひき算
42					⑰～⑳	3つの数のたし算
43		5	20	3けたの数になるたし算	①～⑤	百の位へのくり上がり
44					⑥～⑩	十・百の位へのくり上がり
45					⑪～⑭	答えの一の位が0
46					⑮～⑱	百の位への波及的くり上がり
47					⑲～⑳	欠位あり、百の位への波及的くり上がり

パターン	学年		ページ	タイトル	問題番号	計算パターン 302
48	2年	6	21	3けたの数のひき算	①~⑤	百の位からくり下がり
49					⑥~⑩	十・百の位からくり下がり
50					⑪~⑮	十・百の位からの波及的くり下がり
51					⑯~⑳	3けた－1けた＝2けた、波及的くり下がり
52		7	22	大きな数のたし算・ひき算	①~②	3けた＋2けた くり上がりなし
53					③~⑥	2けた＋3けた 十の位へくり上がり
54					⑦~⑩	3けた＋1けた 十の位へのくり上がり
55					⑪~⑫	3けた－2けた くり下がりなし
56					⑬~⑯	3けた－2けた くり下がりあり・十の位が0
57					⑰~⑳	3けた－1けた くり下がりあり・十の位が0
58		8	23	大きな数のたし算・ひき算 計算のまとめ	①~⑤	何百＋何百
59					⑥~⑩	何百・1000－何百
60					⑪~⑬	2けた＋2けた
61					⑭~⑯	2けた－2けた
62					⑰~⑱	3けた＋2けた
63					⑲~⑳	3けた－2けた
64		9	24	かけ算九九(1)	①~⑨	2のだん~5のだん
65		10	25	かけ算九九(2)	①~⑨	6のだん~9のだん
66		11	26	かけ算九九まとめ（1）	①~⑳	2のだん~5のだん、6のだん~9のだん
67		12	27	かけ算九九まとめ（2）	[1].[2]	2のだん~9のだん ランダム
68	3年	1	28	3けたの数のたし算・ひき算	①	くり上がりなし
69					②	一の位でくり上がり
70					③	十の位でくり上がり
71					④	たす数百の位が欠位
72					⑤	一・十の位でくり上がり
73					⑥	たされる数百の位が欠位
74					⑦	十の位で波及的くり上がり
75					⑧	一・十・百の位でくり上がり
76					⑨	百の位でくり上がり
77					⑩	十・百の位で波及的くり上がり
78					⑪~⑫	くり下がりなし
79					⑬~⑭	一の位へのくり下がり
80					⑮~⑯	十の位へのくり下がり
81					⑰~⑱	一・十の位へのくり下がり
82					⑲~⑳	一の位への波及的くり下がり
83		2	29	3けた、4けたの数のたし算・ひき算	①~②	答えが2けた
84					③~④	答えが1けた
85					⑤~⑥	3けた－2けた
86					⑦~⑧	3けた－1けた
87					⑨~⑩	1000－3けた
88					⑪~⑫	4けた＋4けた
89					⑬	波及的くり上がり
90					⑭	4けた＋3けた
91					⑮	4けた＋2けた
92					⑯	4けた－4けた
93					⑰~⑱	波及的くり下がり
94					⑲	4けた－3けた
95					⑳	4けた－2けた
96		3	30	かけ算九九、何十・何百のかけ算	[1]①~②	0のかけ算
97					[2]①~⑱	穴あき九九
98					[3]①~⑤	何十×1けた
99					⑥~⑩	何百×1けた
100		4	31	2けたの数×1けたの数の計算（1）	①~⑤	一の位の積が1けた

パターン	学年		ページ	タイトル	問題番号	計算パターン 302
101	3年	4	31	2けたの数×1けたの数の計算（1）	⑥～⑩	一の位の積が2けた
102					⑪～⑮	十の位の積が2けた
103					⑯～⑳	一・十の位の積が2けた
104		5	32	2けたの数×1けたの数の計算（2）	①～⑤	一の位の積2けたを加えると百の位でくり上がり
105					⑥～⑩	積に空位あり
106					⑪～⑮	百の位へくり上がり
107					⑯～⑳	積に空位あり
108		6	33	3けたの数×1けたの数の計算	①～②	各位の積が1けた
109					③～④	一の位の積2けた
110					⑤～⑥	十の位の積2けた
111					⑦～⑧	一・十の位の積が2けた
112					⑨～⑩	十・百の位の積が2けた
113					⑪～⑫	部分積でくり上がりなし
114					⑬～⑭	部分積がすべて2けた
115					⑮～⑯	部分積でくり上がりあり
116					⑰～⑱	百の位との積が2けた、くり上がりあり
117					⑲～⑳	百の位との積が2けた、くり上がり2回あり
118		7	34	かける何十・2けたの数の計算（1）	①～④	×何十
119					⑤～⑦	部分積 2けた・2けた
120					⑧～⑩	部分積のたし算にくり上がりあり
121					⑪～⑮	部分積 3けた・3けた
122					⑯～⑳	部分積 3けた・2けた
123		8	35	かける2けたの数の計算（2）	①～④	部分積 2けた・3けた
124				3けたの数×2けたの数の計算	⑤～⑧	かける数の末位が0
125					⑨～⑩	1けた×2けた
126					⑪～⑫	部分積 3けた
127					⑫～⑭	部分積 3けた・4けた

パターン	学年		ページ	タイトル	問題番号	計算パターン 302
128	3年	8	35	3けたの数×2けたの数の計算	⑮～⑯	部分積 4けた・4けた
129					⑰～⑱	かけられる数に0がある
130					⑲～⑳	かける数、かけられる数に0がある
131		9	36	わり算 あまりのあるわり算	1 ①～⑮	かけ算九九の一回適用
132					⑯～⑳	0や1のわり算
133					2 ①～⑩	あまりのあるわり算
134		10	37	わり算まとめ 大きい数のわり算	1 ①～⑳	あまりのあり・なし（ランダム）
135					2 ①～⑩	何十÷1けた
136					⑪～⑳	2けた÷1けた わりきれる
137		11	38	小数のたし算・ひき算（1）	1 ①～⑤	$\frac{1}{10}$の位どうしのたし算
138					⑥～⑩	$\frac{1}{10}$の位どうしのひき算
139					2 ①～②	くり上がりなしのたし算
140					③～⑤	くり上がりありのたし算
141					⑥～⑦	くり下がりなしのひき算
142					⑧～⑩	くり下がりありのひき算
143		12	39	小数のたし算・ひき算（2）	①～③	和が整数になる
144					④～⑤	整数+小数
145					⑥～⑦	くり下がりのあるひき算
146					⑧～⑨	整数−小数
147					⑩	小数−整数
148		13	40	分数のたし算・ひき算	①～④	分母が同じ
149					⑤	分母が同じで和が1
150					⑥～⑧	分母が同じ
151					⑨～⑩	ひかれる数が1
152	4年	1	41	大きい数のかけ算	①～③	3けた×3けた
153					④～⑤	かけられる数に0
154					⑥～⑦	かける数に0
155					⑧	末尾が0→2けた×1けた

パターン	学年		ページ	タイトル	問題番号	計算パターン302
156	4年	1	41	大きい数のかけ算	⑨~⑩	末尾が0→2けた×2けた
157		2	42	何十・何百のわり算	①~②	何十・何百÷1けた
158					③~④	何百・何千÷1けた
159				2けたの数÷1けたの数の計算(1)	⑤~⑩	2けた÷1けた、あまりなし
160		3	43	2けたの数÷1けたの数の計算(2)	①~⑦	あまりあり
161					⑧~⑩	部分積1けた、あまりあり
162		4	44	2けたの数÷1けたの数の計算(3)	①~⑤	十の位でわりきれ、あまりあり
163					⑥~⑩	各位ともわりきれ、あまりなし
164		5	45	2けたの数÷1けたの数の計算(4)	①~⑧	十の位でわりきれ、あまりあり
165					⑨~⑩	十の位でわりきれ、あまりなし
166		6	46	3けたの数÷1けたの数の計算(1)	①~④	各位がわりきれず、あまりあり
167					⑤~⑧	一の位でわりきれ、あまりなし
168					⑨~⑩	百の位でわりきれ、あまりあり・なし
169		7	47	3けたの数÷1けたの数の計算(2)	①~②	十の位でわりきれ、あまりあり・なし
170					③~④	百と十の位でわりきれ、あまりあり
171					⑤~⑥	百・十・一の位でわりきれ、あまりなし
172					⑦~⑩	商の一の位が0、あまりあり・なし
173		8	48	3けたの数÷1けたの数の計算(3)	①~③	商の十の位が0、あまりあり・なし
174					④~⑤	商が2けた、あまりなし
175					⑥~⑦	商が2けた、あまりあり
176					⑧~⑨	十の位でわりきれ、あまりあり・なし
177					⑩	一の位が0、あまりあり
178		9	49	わる何十・2けたの数の計算(1)	①~②	何百÷何十、あまりなし
179					③~④	何十、何百÷何十、あまりあり
180					⑤~⑩	わる数の一の位0~4 あまりなし

パターン	学年		ページ	タイトル	問題番号	計算パターン302
181	4年	10	50	2けたの数÷2けたの数の計算(2)	①~⑩	わる数の一の位0~4 あまりあり
182		11	51	2けたの数÷2けたの数の計算(3)	①~⑤	過大商修正1回 あまりあり
183					⑥~⑩	過大商修正2回 あまりあり
184		12	52	2けたの数÷2けたの数の計算(4)	①~⑤	わる数一の位が7~9、商修正なし
185					⑥~⑩	わる数一の位が7~9、過小商修正1回
186		13	53	2けたの数÷2けたの数の計算(5)	①~⑦	わる数一の位が4~7 わる数を切り上げか切り捨てにする
187					⑧~⑩	見当のつけ方で商の修正なし
188		14	54	3けたの数÷2けたの数の計算(1)	①~⑤	商が1けた、過大商修正あり
189					⑥~⑩	商が1けた、過小商修正あり
190		15	55	3けたの数÷2けたの数の計算(2)	①~⑤	商が1けた、商修正なし
191					⑥~⑩	商が1けた、商にまず9をたてる
192		16	56	3けたの数÷2けたの数の計算(3)	①~⑩	商が2けた、あまりあり・なし
193		17	57	3けたの数÷2けたの数の計算(4)	①~⑩	わる数の切りあげか切り捨てで、商の見当つけ
194		18	58	3けたの数÷2けたの数の計算(5)	①~⑥	商の一の位が0、あまりあり
195					⑦~⑩	商の一の位が0、あまりなし
196		19	59	3けたの数÷3けたの数の計算	①~④	商が1けた
197					⑤~⑥	4けた÷3けた
198					⑦~⑧	末尾に0のある工夫、あまりなし
199					⑨~⑩	末尾に0のある工夫、あまりあり
200		20	60	計算のきまりとくふう	①~②	( )の計算を先行する
201					③~⑤	乗除計算を加減計算より先行する
202					⑥~⑧	( )、乗除、加減の順で先行する
203					⑨~⑩	分配法則

パターン	学年		ページ	タイトル	問題番号	計算パターン302
204	4年	21	61	小数のたし算	1①~③	小数点以下のけた数そろい（2～3けた）
205					④~⑤	末尾の0を消す
206					2①~⑤	小数点以下のけた数そろわず
207		22	62	小数のひき算	①~②	小数点以下のけた数がそろう（2けた3けた）
208					③~④	ひかれる数の小数点以下のけた数が多い
209					⑤~⑦	ひく数の小数点以下のけた数が多い
210					⑧~⑩	整数－小数
211		23	63	小数のかけ算(1)	①~⑥	かけられる数が$\frac{1}{10}$の位まで
212					⑦~⑧	純小数×1けた
213					⑨~⑩	積の末位の0を消す
214		24	64	小数のかけ算(2)	①~②	かける数が1けた、積が何十、末位の0を消す
215					③~⑤	かける数が2けた
216					⑥~⑩	かけられる数の整数部分が2けた
217		25	65	小数のわり算(1)	①~②	わられる数が$\frac{1}{10}$の位までの小数
218					③~④	わられる数の整数部分が2けた
219					⑤~⑦	商が一の位からたつ
220					⑧~⑩	商が純小数
221		26	66	小数のわり算(2)	①~④	わる数が2けた
222					⑤~⑦	商が純小数
223					⑧~⑩	わられる数が$\frac{1}{100}$の位までの小数
224		27	67	小数のわり算(3)	①~③	わる数が2けた
225					④~⑥	商の$\frac{1}{10}$の位に0がたつ
226					⑦~⑩	商が小数点以下3けた

パターン	学年		ページ	タイトル	問題番号	計算パターン302
227	4年	28	68	小数のわり算(4)	1①~⑤	商は一の位まで求め、あまりも出す
228					2①~③	わられる数に0を1回書き足してわり進む
229					④~⑤	わられる数に0を2回以上書き足しわり進む
230		29	69	小数のかけ算(3)	①~②	かける数が何十、末位の0を消す
231					③~⑤	かけられる数が$\frac{1}{100}$の位までの小数
232					⑥	純小数×1けた
233					⑦	末位の0を消す
234					⑧~⑩	かける数が2けた
235		30	70	小数のわり算(5)	1①~②	整数÷整数で、わられる数に0を2回書き足してわり進む
236					③~④	小数÷1けたの整数で、わられる数に0を1回書き足してわり進む
237					⑤	小数÷2けたの整数で、わられる数に0を1回書き足してわり進む
238					⑥~⑦	小数÷2けたの整数で、わられる数に0を2回書き足してわり進む
239					2①~② 3①	上から2けたの概数、$\frac{1}{10}$の位までの概数
240		31	71	分数のたし算	①~②	真分数＋真・仮分数
241					③~⑤	帯分数＋帯分数（くり上がりなし）
242					⑥~⑧	帯分数＋真分数（くり上がりあり）
243					⑨~⑩	帯分数＋真分数＝整数
244		32	72	分数のひき算	①~②	仮分数－真分数
245					③~④	帯分数－帯分数（くり下がりなし）
246					⑤~⑧	帯分数－真分数（くり下がりあり）
247					⑨~⑩	整数－真分数＝帯分数
248	5年	1	73	小数のかけ算(1)	①~③	小数×小数
249					④~⑥	整数×小数

パターン	学年		ページ	タイトル	問題番号	計算パターン 302
250	5年	1	73	小数のかけ算(1)	⑦～⑩	末尾の0を消す
251		2	74	小数のかけ算(2)	①～④	0の追加
252					⑤～⑥	0の追加、末尾の0を消す
253					⑦～⑧	かける数が純小数
254					⑨～⑩	純小数×純小数、0の追加
255		3	75	小数のわり算(1)	①～⑤	小数÷小数
256					⑥～⑩	商が整数
257		4	76	小数のわり算(2)	①～③	商が純小数
258					④～⑦	商が$\frac{1}{100}$の位までの純小数
259					⑧～⑩	整数÷小数
260		5	77	小数のかけ算(3)	①	0を追加、末尾の0を消す
261					②	0を追加、末尾の0を2こ消す
262					③～⑤	結合法則、分配法則
263		6	78	小数のわり算(3)	1 ①～④	÷純小数、あまりなし
264					⑤～⑥	整数÷純小数、あまりなし
265					2 ①～②	商は一の位まで求め、あまりも出す
266					3 ①～②	商は上から2けたの概数
267		7	79	分数のたし算	①～②	真分数+真分数
268					③～④	仮分数+真分数
269					⑤～⑥	数の大きな分母で通分
270					⑦～⑩	通分
271		8	80	分数のひき算	①～②	真分数−真分数
272					③～④	仮分数−真分数
273					⑤～⑥	数の大きな分母で通分
274					⑦～⑩	通分
275		9	81	分数のたし算・ひき算	①～②	帯分数のたし算、約分なし
276					③～⑤	帯分数のたし算、約分あり
277					⑥～⑦	帯分数のひき算、約分なし
278					⑧～⑩	帯分数のひき算、約分あり

パターン	学年		ページ	タイトル	問題番号	計算パターン 302
279	5年	10	82	分数と小数のたし算・ひき算	①～③	3口のたし算・ひき算
280					④～⑥	分数+小数、分数−小数（小数にそろえる）
281					⑦～⑩	分数+小数、分数−小数（分数にそろえる）
282	6年	1	83	分数のかけ算(1)	①～②	分数×整数、約分なし
283					③～⑩	約分あり
284		2	84	分数のかけ算(2)	①～②	分数×分数、約分なし
285					③～④	約分あり1回
286					⑤～⑧	約分あり2回
287					⑨～⑩	3口のかけ算
288		3	85	分数のわり算(1)	①～②	分数÷整数、分子がわりきれる
289					③～④	分子がわりきれない
290					⑤～⑩	約分あり
291		4	86	分数のわり算(2)	①～②	分数÷分数、約分なし
292					③～④	約分あり1回
293					⑤～⑧	約分あり2回
294					⑨～⑩	3口のわり算・3口のかけ算・わり算
295		5	87	分数のかけ算(3)	①～④	整数×分数
296					⑤～⑧	帯分数×真分数
297					⑨～⑩	結合法則、分配法則
298		6	88	分数のわり算(3)	①～④	整数と分数のわり算
299					⑤～⑧	真分数と帯分数のわり算
300					⑨～⑩	3口のかけ算・わり算
301		7	89	分数・小数・整数のまじったかけ算・わり算(1)	①～⑤	分数・小数・整数のかけ算・わり算
302		8	90	分数・小数・整数のまじったかけ算・わり算(2)	①～⑤	小数や整数混合のかけ算・わり算

まとめ君 1年

1　10までの数(かず)のたし算(ざん)・ひき算(ざん)

なまえ　くみ　ばん　てん

5てん×20

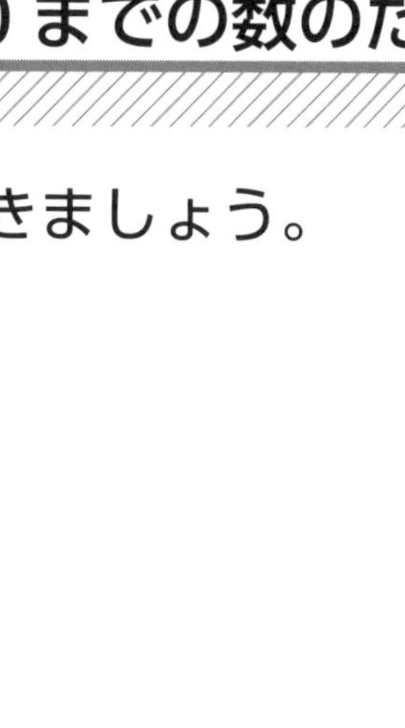

1　□にかずをかきましょう。

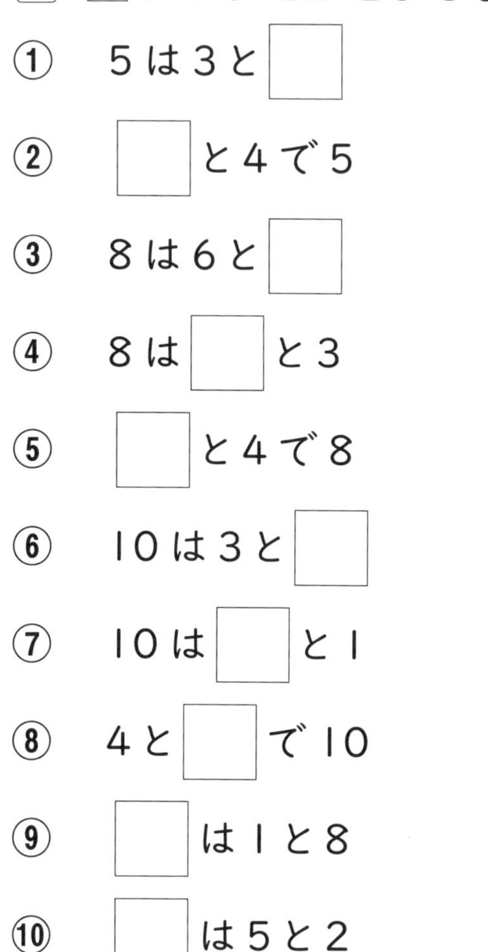

① 5は3と□

② □と4で5

③ 8は6と□

④ 8は□と3

⑤ □と4で8

⑥ 10は3と□

⑦ 10は□と1

⑧ 4と□で10

⑨ □は1と8

⑩ □は5と2

2　けいさんをしましょう。

① 4＋1

② 3＋5

③ 6＋3

④ 8＋2

⑤ 0＋7

⑥ 5－3

⑦ 7－2

⑧ 9－4

⑨ 10－5

⑩ 0－0

やってみようもんだい

1から10までの数(かず)です。
ない数(かず)をかきましょう。

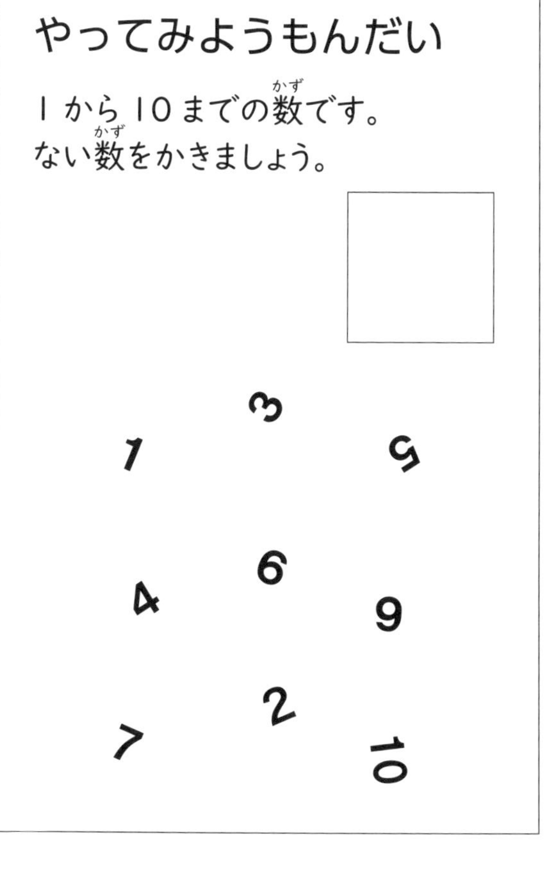

こたえ
1 ① 2　② 1　③ 2　④ 5　⑤ 4　⑥ 7　⑦ 9　⑧ 6　⑨ 9　⑩ 7
2 ① 5　② 8　③ 9　④ 10　⑤ 7　⑥ 2　⑦ 5　⑧ 5　⑨ 5　⑩ 0
やってみようもんだい　8

2 20までの数(かず)のたし算(ざん)・ひき算(ざん)

なまえ　くみ　ばん　てん

5てん×20

けいさんをしましょう。

① 10＋4

② 10＋6

③ 12＋3

④ 13＋4

⑤ 14＋2

⑥ 16－6

⑦ 18－8

⑧ 17－6

⑨ 19－5

⑩ 18－3

⑪ 3＋4＋1

⑫ 9＋1＋2

⑬ 6＋4＋3

⑭ 8－3－4

⑮ 12－2－3

⑯ 14－4－6

⑰ 13－3－8

⑱ 7＋3－5

⑲ 10－8＋7

⑳ 6－2－2－2

やってみようもんだい

11から20までの数(かず)です。
ない数(かず)をかきましょう。

11　12　19

13　20

16

こたえ ① 14 ② 16 ③ 15 ④ 17 ⑤ 16 ⑥ 10 ⑦ 10 ⑧ 11 ⑨ 14 ⑩ 15 やってみようもんだい 14
⑪ 8 ⑫ 12 ⑬ 13 ⑭ 1 ⑮ 7 ⑯ 4 ⑰ 2 ⑱ 5 ⑲ 9 ⑳ 0

まとめ君 1年

3 くり上がりのあるたし算

なまえ　くみ　ばん　　　てん

5てん×20

けいさんをしましょう。

① 9 + 4
② 7 + 6
③ 8 + 5
④ 9 + 7
⑤ 8 + 7
⑥ 7 + 5
⑦ 9 + 8
⑧ 6 + 6
⑨ 8 + 4
⑩ 7 + 7

⑪ 3 + 9
⑫ 6 + 5
⑬ 5 + 9
⑭ 4 + 7
⑮ 8 + 8
⑯ 2 + 9
⑰ 9 + 9
⑱ 3 + 8
⑲ 6 + 9
⑳ 8 + 6

やってみようもんだい

1から20までの数です。
ない数をかきましょう。

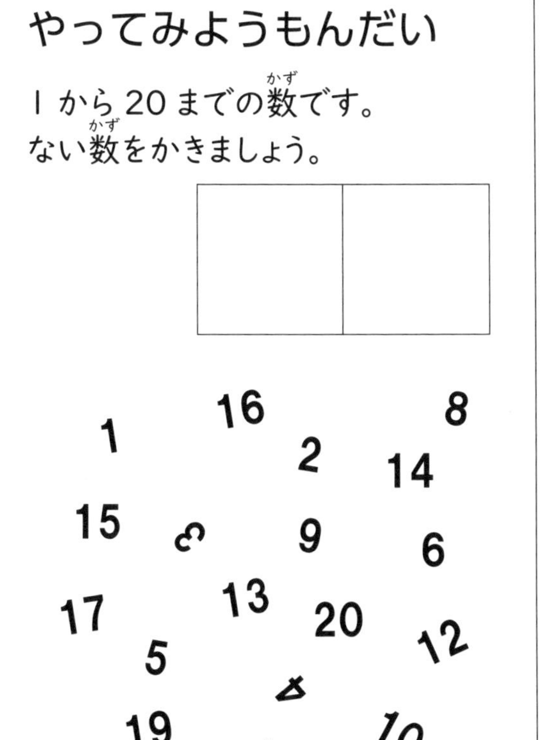

こたえ ① 13 ② 13 ③ 13 ④ 16 ⑤ 15 ⑥ 12 ⑦ 17 ⑧ 12 ⑨ 12 ⑩ 14
⑪ 12 ⑫ 11 ⑬ 14 ⑭ 11 ⑮ 16 ⑯ 11 ⑰ 18 ⑱ 11 ⑲ 15 ⑳ 14

やってみようもんだい 7と18

4 くり下(さ)がりのあるひき算(ざん)

なまえ くみ ばん

てん

5てん×20

けいさんをしましょう。

① 11－9

② 13－8

③ 12－7

④ 11－5

⑤ 16－8

⑥ 14－9

⑦ 11－6

⑧ 15－8

⑨ 12－9

⑩ 13－6

⑪ 11－2

⑫ 14－5

⑬ 12－3

⑭ 16－7

⑮ 18－9

⑯ 11－3

⑰ 15－6

⑱ 12－4

⑲ 13－5

⑳ 17－9

やってみようもんだい

こたえが、おなじになるしきはなんばんですか。ばんごうをかきましょう。

[　　　] と [　　　]

① 12－7

② 11－5

③ 18－9

④ 15－8

⑤ 14－9

こたえ ① 2 ② 5 ③ 5 ④ 6 ⑤ 8 ⑥ 5 ⑦ 5 ⑧ 7 ⑨ 3 ⑩ 7
⑪ 9 ⑫ 9 ⑬ 9 ⑭ 9 ⑮ 9 ⑯ 8 ⑰ 9 ⑱ 8 ⑲ 8 ⑳ 8

やってみようもんだい ①と⑤

5 100までの数のたし算・ひき算

まとめ君 1年

なまえ　くみ　ばん　てん

5てん×20

けいさんをしましょう。

① 30 + 2

② 70 + 4

③ 43 + 5

④ 62 + 7

⑤ 81 + 6

⑥ 24 − 4

⑦ 57 − 7

⑧ 35 − 3

⑨ 46 − 2

⑩ 79 − 8

⑪ 10 + 30

⑫ 50 + 20

⑬ 70 + 30

⑭ 40 + 60

⑮ 20 + 80

⑯ 50 − 30

⑰ 40 − 20

⑱ 100 − 80

⑲ 100 − 40

⑳ 100 − 10

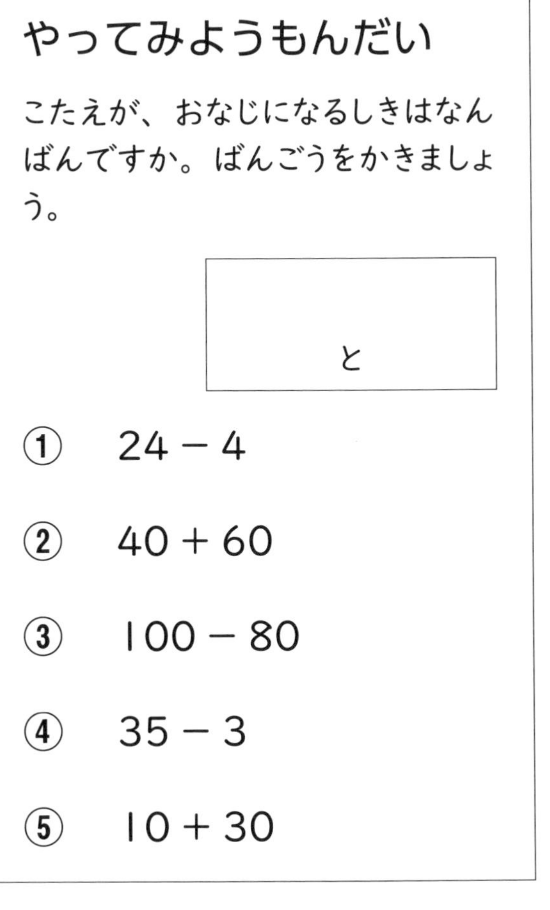

やってみようもんだい

こたえが、おなじになるしきはなんばんですか。ばんごうをかきましょう。

と

① 24 − 4

② 40 + 60

③ 100 − 80

④ 35 − 3

⑤ 10 + 30

こたえ　① 32　② 74　③ 48　④ 69　⑤ 87　⑥ 20　⑦ 50　⑧ 32　⑨ 44　⑩ 71
⑪ 40　⑫ 70　⑬ 100　⑭ 100　⑮ 100　⑯ 20　⑰ 20　⑱ 20　⑲ 60　⑳ 90

やってみようもんだい　①と③

2年

1　2けたの数のたし算

なまえ　くみ　ばん　　点

5点×20

計算をしましょう。

① $45 + 13$	② $31 + 26$	③ $34 + 50$
④ $40 + 27$	⑤ $23 + 5$	⑥ $41 + 8$
⑦ $7 + 32$	⑧ $5 + 54$	⑨ $60 + 4$
⑩ $9 + 90$		
⑪ $33 + 59$	⑫ $27 + 28$	⑬ $16 + 47$
⑭ $48 + 36$	⑮ $21 + 39$	⑯ $45 + 25$
⑰ $76 + 14$	⑱ $58 + 7$	⑲ $8 + 69$
⑳ $61 + 9$		

こたえ　① 58　② 57　③ 84　④ 67　⑤ 28　⑥ 49　⑦ 39　⑧ 59　⑨ 64　⑩ 99
⑪ 92　⑫ 55　⑬ 63　⑭ 84　⑮ 60　⑯ 70　⑰ 90　⑱ 65　⑲ 77　⑳ 70

まとめ君 2年

2 2けたの数(かず)のひき算(ざん)(1)

なまえ　くみ　ばん　点

5点×20

計算(けいさん)をしましょう。

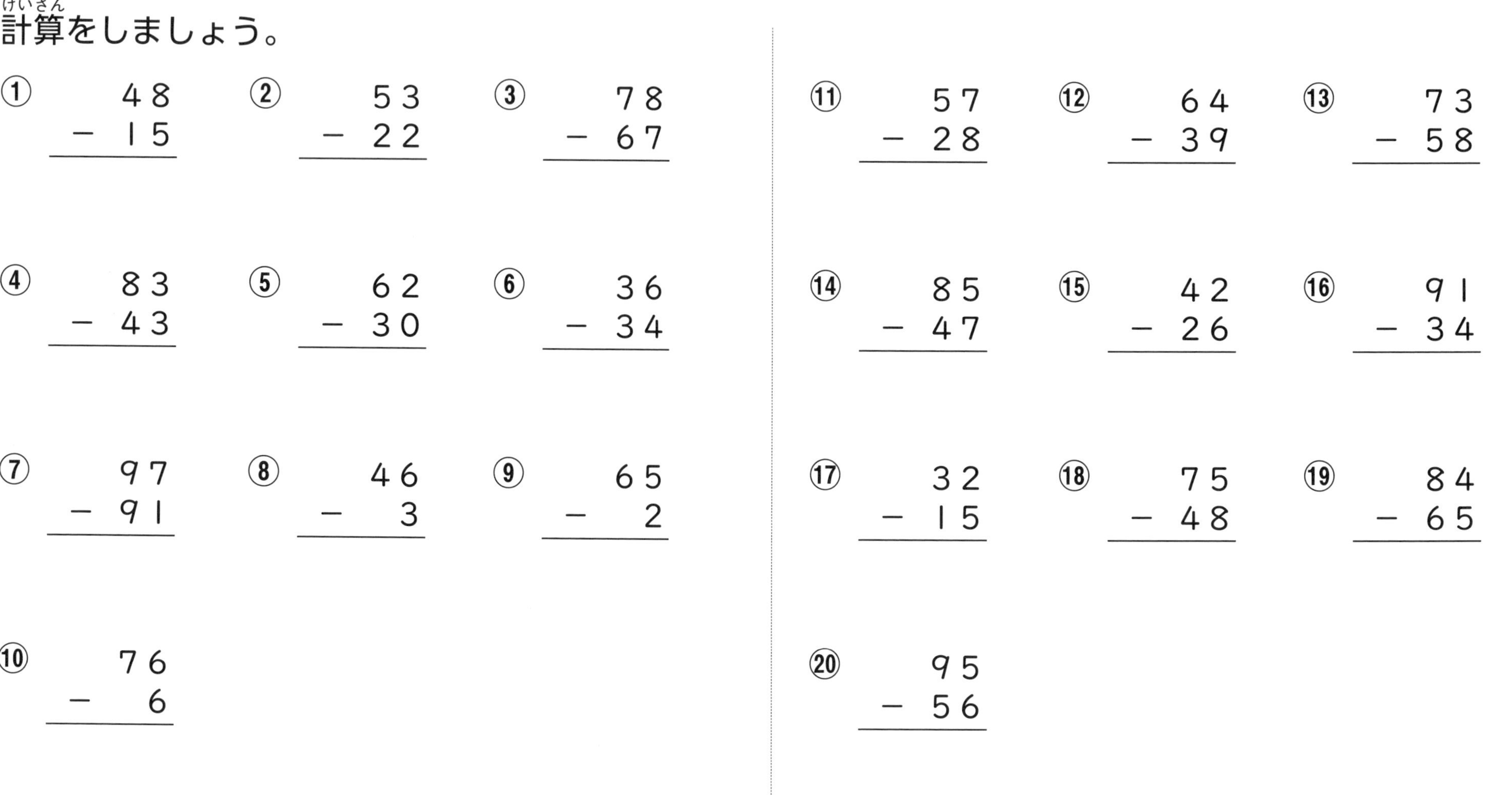

① 48 − 15
② 53 − 22
③ 78 − 67
④ 83 − 43
⑤ 62 − 30
⑥ 36 − 34
⑦ 97 − 91
⑧ 46 − 3
⑨ 65 − 2
⑩ 76 − 6
⑪ 57 − 28
⑫ 64 − 39
⑬ 73 − 58
⑭ 85 − 47
⑮ 42 − 26
⑯ 91 − 34
⑰ 32 − 15
⑱ 75 − 48
⑲ 84 − 65
⑳ 95 − 56

こたえ　① 33　② 31　③ 11　④ 40　⑤ 32　⑥ 2　⑦ 6　⑧ 43　⑨ 63　⑩ 70
⑪ 29　⑫ 25　⑬ 15　⑭ 38　⑮ 16　⑯ 57　⑰ 17　⑱ 27　⑲ 19　⑳ 39

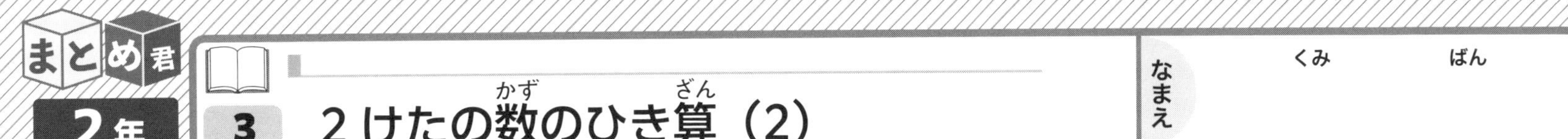

5点×20

計算をしましょう。

① 50 − 34

② 70 − 45

③ 60 − 23

④ 80 − 57

⑤ 40 − 16

⑥ 43 − 36

⑦ 76 − 68

⑧ 64 − 58

⑨ 82 − 74

⑩ 90 − 85

⑪ 25 − 9

⑫ 51 − 3

⑬ 42 − 7

⑭ 76 − 8

⑮ 34 − 5

⑯ 60 − 2

⑰ 80 − 6

⑱ 50 − 4

⑲ 70 − 5

⑳ 90 − 3

こたえ ① 16 ② 25 ③ 37 ④ 23 ⑤ 24 ⑥ 7 ⑦ 8 ⑧ 6 ⑨ 8 ⑩ 5
⑪ 16 ⑫ 48 ⑬ 35 ⑭ 68 ⑮ 29 ⑯ 58 ⑰ 74 ⑱ 46 ⑲ 65 ⑳ 87

まとめ君 2年

4 3けたの数の計算

なまえ　くみ　ばん　点

5点×20

計算をしましょう。

① $20 + 90$

② $80 + 30$

③ $110 - 50$

④ $160 - 70$

⑤ $180 - 90$

⑥ $300 + 200$

⑦ $100 + 900$

⑧ $600 - 400$

⑨ $800 - 500$

⑩ $1000 - 700$

⑪ $400 + 60$

⑫ $300 + 70$

⑬ $500 + 6$

⑭ $820 - 20$

⑮ $650 - 50$

⑯ $701 - 1$

⑰ $3 + 14 + 6$

⑱ $8 + 43 + 7$

⑲ $25 + 19 + 5$

⑳ $32 + 20 + 40$

こたえ　① 110　② 110　③ 60　④ 90　⑤ 90　⑥ 500　⑦ 1000　⑧ 200　⑨ 300　⑩ 300
⑪ 460　⑫ 370　⑬ 506　⑭ 800　⑮ 600　⑯ 700　⑰ 23　⑱ 58　⑲ 49　⑳ 92

5 3けたの数になるたし算

なまえ　くみ　ばん　　点

5点×20

計算をしましょう。

① 73 + 56

② 62 + 84

③ 35 + 92

④ 80 + 45

⑤ 46 + 61

⑥ 57 + 78

⑦ 67 + 86

⑧ 93 + 58

⑨ 75 + 47

⑩ 59 + 52

⑪ 63 + 77

⑫ 81 + 99

⑬ 45 + 85

⑭ 38 + 72

⑮ 56 + 47

⑯ 29 + 76

⑰ 85 + 18

⑱ 42 + 58

⑲ 97 + 8

⑳ 6 + 95

こたえ　① 129　② 146　③ 127　④ 125　⑤ 107　⑥ 135　⑦ 153　⑧ 151　⑨ 122　⑩ 111
⑪ 140　⑫ 180　⑬ 130　⑭ 110　⑮ 103　⑯ 105　⑰ 103　⑱ 100　⑲ 105　⑳ 101

まとめ君

2年

6 3けたの数のひき算

なまえ　　くみ　　ばん

点

5点×20

計算をしましょう。

① 138 − 54

② 157 − 85

③ 146 − 92

④ 164 − 70

⑤ 108 − 63

⑥ 123 − 48

⑦ 152 − 68

⑧ 143 − 76

⑨ 165 − 89

⑩ 130 − 34

⑪ 102 − 26

⑫ 103 − 84

⑬ 104 − 37

⑭ 106 − 79

⑮ 100 − 47

⑯ 104 − 8

⑰ 102 − 9

⑱ 105 − 6

⑲ 101 − 7

⑳ 100 − 3

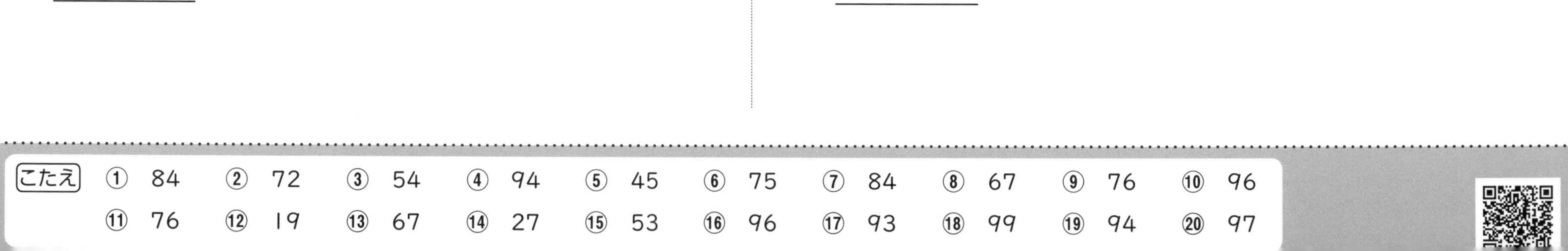

こたえ

① 84	② 72	③ 54	④ 94	⑤ 45	⑥ 75	⑦ 84	⑧ 67	⑨ 76	⑩ 96
⑪ 76	⑫ 19	⑬ 67	⑭ 27	⑮ 53	⑯ 96	⑰ 93	⑱ 99	⑲ 94	⑳ 97

2年

7 大きな数のたし算・ひき算

なまえ　くみ　ばん

点

5点×20

計算をしましょう。

① 351 + 42

② 765 + 34

③ 547 + 29

④ 36 + 458

⑤ 68 + 207

⑥ 103 + 47

⑦ 327 + 8

⑧ 7 + 865

⑨ 413 + 9

⑩ 6 + 604

⑪ 435 − 12

⑫ 798 − 65

⑬ 684 − 57

⑭ 962 − 33

⑮ 473 − 28

⑯ 592 − 86

⑰ 835 − 6

⑱ 756 − 8

⑲ 271 − 5

⑳ 314 − 7

こたえ　① 393　② 799　③ 576　④ 494　⑤ 275　⑥ 150　⑦ 335　⑧ 872　⑨ 422　⑩ 610
⑪ 423　⑫ 733　⑬ 627　⑭ 929　⑮ 445　⑯ 506　⑰ 829　⑱ 748　⑲ 266　⑳ 307

まとめ君 2年

8 大きな数のたし算・ひき算、計算のまとめ

なまえ　くみ　ばん　点

5点×20

計算をしましょう。

① 800 + 300

② 700 + 500

③ 500 + 800

④ 800 + 700

⑤ 900 + 900

⑥ 600 − 400

⑦ 700 − 200

⑧ 900 − 500

⑨ 1000 − 300

⑩ 1000 − 900

⑪ 74 + 68

⑫ 56 + 87

⑬ 67 + 35

⑭ 45 − 17

⑮ 80 − 24

⑯ 32 − 26

⑰ 365 + 19

⑱ 48 + 502

⑲ 134 − 57

⑳ 105 − 68

こたえ　① 1100　② 1200　③ 1300　④ 1500　⑤ 1800　⑥ 200　⑦ 500　⑧ 400　⑨ 700　⑩ 100
⑪ 142　⑫ 143　⑬ 102　⑭ 28　⑮ 56　⑯ 6　⑰ 384　⑱ 550　⑲ 77　⑳ 37

9 かけ算九九（1）

なまえ　くみ　ばん　点

1点×36

計算をしましょう。

2のだん

① 2×3

② 2×1

③ 2×8

④ 2×5

⑤ 2×4

⑥ 2×6

⑦ 2×2

⑧ 2×9

⑨ 2×7

3のだん

① 3×5

② 3×2

③ 3×9

④ 3×1

⑤ 3×4

⑥ 3×3

⑦ 3×7

⑧ 3×8

⑨ 3×6

4のだん

① 4×4

② 4×6

③ 4×3

④ 4×9

⑤ 4×1

⑥ 4×8

⑦ 4×5

⑧ 4×7

⑨ 4×2

5のだん

① 5×7

② 5×4

③ 5×8

④ 5×2

⑤ 5×6

⑥ 5×3

⑦ 5×1

⑧ 5×5

⑨ 5×9

こたえ
2のだん ① 6 ② 2 ③ 16 ④ 10 ⑤ 8 ⑥ 12 ⑦ 4 ⑧ 18 ⑨ 14
3のだん ① 15 ② 6 ③ 27 ④ 3 ⑤ 12 ⑥ 9 ⑦ 21 ⑧ 24 ⑨ 18
4のだん ① 16 ② 24 ③ 12 ④ 36 ⑤ 4 ⑥ 32 ⑦ 20 ⑧ 28 ⑨ 8
5のだん ① 35 ② 20 ③ 40 ④ 10 ⑤ 30 ⑥ 15 ⑦ 5 ⑧ 25 ⑨ 45

まとめ君 2年

10 かけ算九九（2）

なまえ　くみ　ばん

点

1点×36

計算をしましょう。

6のだん	7のだん	8のだん	9のだん
① 6×2	① 7×9	① 8×6	① 9×5
② 6×4	② 7×5	② 8×2	② 9×9
③ 6×7	③ 7×1	③ 8×5	③ 9×2
④ 6×1	④ 7×8	④ 8×7	④ 9×7
⑤ 6×8	⑤ 7×2	⑤ 8×1	⑤ 9×3
⑥ 6×5	⑥ 7×4	⑥ 8×3	⑥ 9×6
⑦ 6×3	⑦ 7×7	⑦ 8×8	⑦ 9×4
⑧ 6×9	⑧ 7×6	⑧ 8×9	⑧ 9×1
⑨ 6×6	⑨ 7×3	⑨ 8×4	⑨ 9×8

こたえ

	①	②	③	④	⑤	⑥	⑦	⑧	⑨
6のだん	12	24	42	6	48	30	18	54	36
7のだん	63	35	7	56	14	28	49	42	21
8のだん	48	16	40	56	8	24	64	72	32

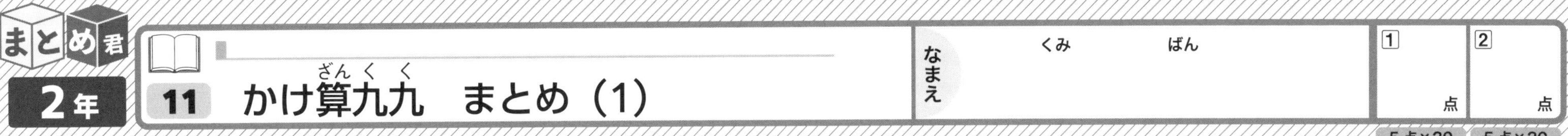

計算（けいさん）をしましょう。

1　2のだん～5のだん

① 4×6	⑥ 3×8	⑪ 2×7	⑯ 3×6
② 5×7	⑦ 5×5	⑫ 3×3	⑰ 2×9
③ 2×4	⑧ 3×4	⑬ 4×8	⑱ 5×9
④ 3×9	⑨ 2×8	⑭ 5×4	⑲ 4×9
⑤ 4×7	⑩ 4×3	⑮ 4×4	⑳ 3×7

2　6のだん～9のだん

① 8×6	⑥ 6×7	⑪ 7×4	⑯ 9×7
② 6×8	⑦ 7×8	⑫ 8×3	⑰ 7×5
③ 7×7	⑧ 9×6	⑬ 6×4	⑱ 8×4
④ 8×8	⑨ 7×6	⑭ 9×4	⑲ 6×5
⑤ 9×3	⑩ 8×7	⑮ 8×5	⑳ 7×3

こたえ
1 2～5のだん　① 24　② 35　③ 8　④ 27　⑤ 28　⑥ 24　⑦ 25　⑧ 12　⑨ 16　⑩ 12
⑪ 14　⑫ 9　⑬ 32　⑭ 20　⑮ 16　⑯ 18　⑰ 18　⑱ 45　⑲ 36　⑳ 21
2 6～9のだん　① 48　② 48　③ 49　④ 64　⑤ 27　⑥ 42　⑦ 56　⑧ 54　⑨ 42　⑩ 56
⑪ 28　⑫ 24　⑬ 24　⑭ 36　⑮ 40　⑯ 63　⑰ 35　⑱ 32　⑲ 30　⑳ 21

まとめ君 2年

12 かけ算九九　まとめ（2）

なまえ　くみ　ばん

1 点（5点×20）　2 点（10点×10）

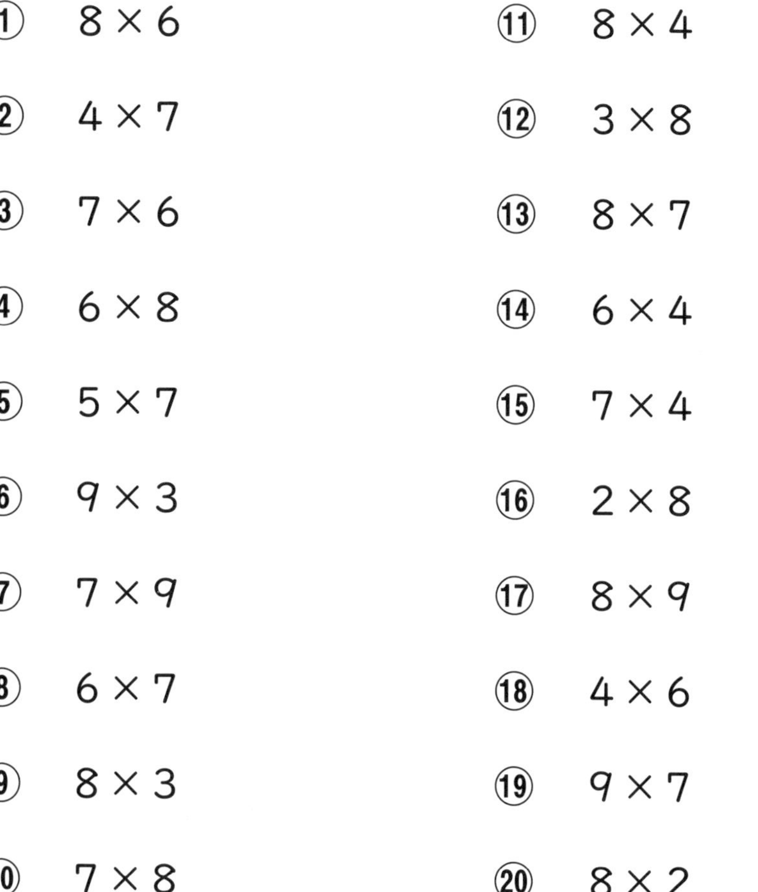

1 計算をしましょう。

① 8 × 6
② 4 × 7
③ 7 × 6
④ 6 × 8
⑤ 5 × 7
⑥ 9 × 3
⑦ 7 × 9
⑧ 6 × 7
⑨ 8 × 3
⑩ 7 × 8
⑪ 8 × 4
⑫ 3 × 8
⑬ 8 × 7
⑭ 6 × 4
⑮ 7 × 4
⑯ 2 × 8
⑰ 8 × 9
⑱ 4 × 6
⑲ 9 × 7
⑳ 8 × 2

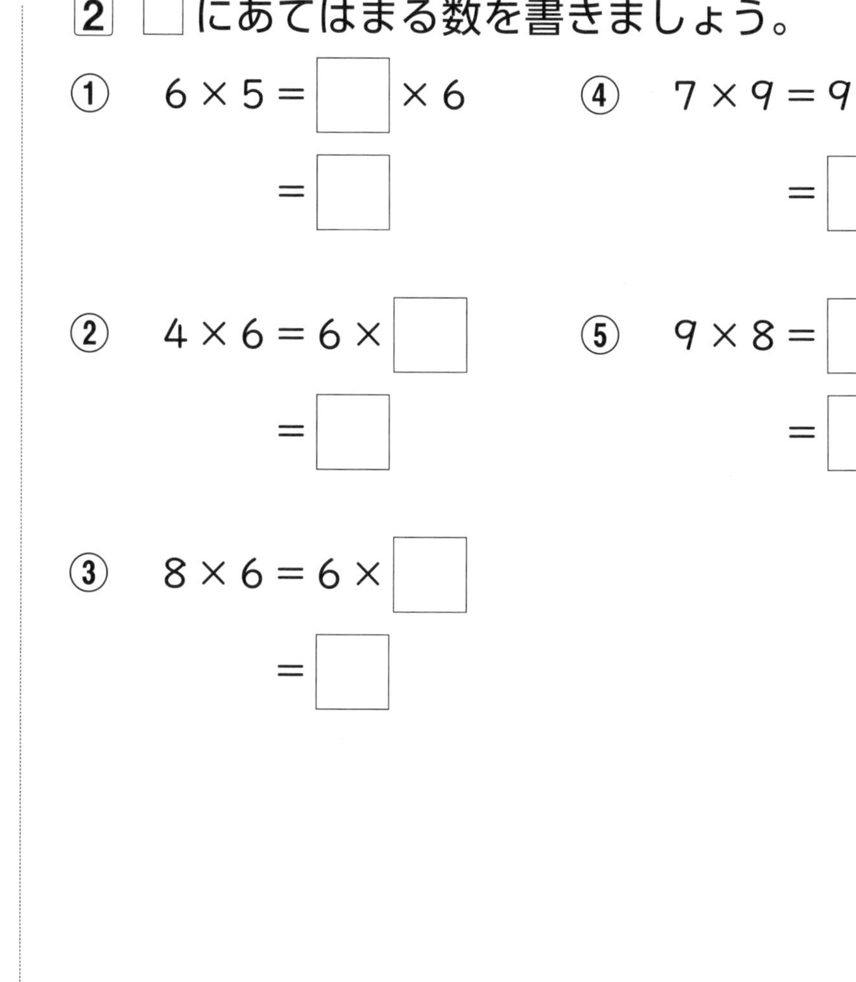

2 □にあてはまる数を書きましょう。

① 6 × 5 = □ × 6
　= □

② 4 × 6 = 6 × □
　= □

③ 8 × 6 = 6 × □
　= □

④ 7 × 9 = 9 × □
　= □

⑤ 9 × 8 = □ × 9
　= □

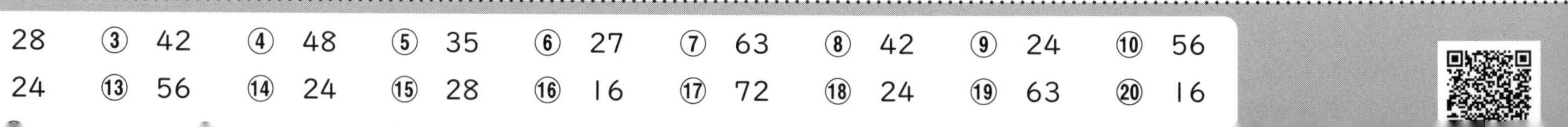

こたえ 1 ① 48　② 28　③ 42　④ 48　⑤ 35　⑥ 27　⑦ 63　⑧ 42　⑨ 24　⑩ 56
⑪ 32　⑫ 24　⑬ 56　⑭ 24　⑮ 28　⑯ 16　⑰ 72　⑱ 24　⑲ 63　⑳ 16

3年

1 3けたの数のたし算・ひき算

名前　　組　　番

点

5点×20

計算をしましょう。

① 432 + 156

② 378 + 214

③ 253 + 692

④ 745 + 63

⑤ 596 + 328

⑥ 47 + 875

⑦ 306 + 297

⑧ 664 + 758

⑨ 832 + 543

⑩ 924 + 76

⑪ 657 − 231

⑫ 586 − 424

⑬ 763 − 325

⑭ 410 − 6

⑮ 628 − 152

⑯ 305 − 73

⑰ 723 − 357

⑱ 532 − 69

⑲ 504 − 238

⑳ 901 − 504

答え
1 ① 588 ② 592 ③ 945 ④ 808 ⑤ 924 ⑥ 922 ⑦ 603 ⑧ 1422 ⑨ 1375 ⑩ 1000
2 ⑪ 426 ⑫ 162 ⑬ 438 ⑭ 404 ⑮ 476 ⑯ 232 ⑰ 366 ⑱ 463 ⑲ 266 ⑳ 397

まとめ君 3年

2 3・4けたの数のたし算・ひき算

名前　　組　　番　　点

5点×20

計算をしましょう。

① 762 − 685

② 502 − 435

③ 625 − 619

④ 400 − 397

⑤ 304 − 56

⑥ 207 − 38

⑦ 802 − 4

⑧ 900 − 7

⑨ 1000 − 412

⑩ 1000 − 573

⑪ 1234 + 7689

⑫ 5678 + 1234

⑬ 4203 + 5697

⑭ 368 + 4157

⑮ 6932 + 68

⑯ 8623 − 5971

⑰ 7045 − 3978

⑱ 3206 − 2397

⑲ 4364 − 825

⑳ 2027 − 59

答え
1 ① 77 ② 67 ③ 6 ④ 3 ⑤ 248 ⑥ 169 ⑦ 798 ⑧ 893 ⑨ 588 ⑩ 427
2 ⑪ 8923 ⑫ 6912 ⑬ 9900 ⑭ 4525 ⑮ 7000 ⑯ 2652 ⑰ 3067 ⑱ 809 ⑲ 3539 ⑳ 1968

3 かけ算九九、何十・何百のかけ算

1 計算をしましょう。

① 12×0

② 0×7

2 □にあてはまる数を書きましょう。

① $6 \times \square = 48$

② $7 \times \square = 42$

③ $9 \times \square = 36$

④ $4 \times \square = 24$

⑤ $\square \times 4 = 12$

⑥ $\square \times 6 = 48$

⑦ $\square \times 4 = 28$

⑧ $\square \times 8 = 32$

⑨ $8 \times \square = 16$

⑩ $\square \times 7 = 42$

⑪ $6 \times \square = 24$

⑫ $9 \times \square = 27$

⑬ $\square \times 7 = 49$

⑭ $\square \times 9 = 72$

⑮ $\square \times 8 = 64$

⑯ $4 \times \square = 28$

⑰ $7 \times \square = 56$

⑱ $\square \times 6 = 54$

3 計算（けいさん）をしましょう。

① 40×2

② 70×5

③ 90×8

④ 80×6

⑤ 60×7

⑥ 100×4

⑦ 900×7

⑧ 500×3

⑨ 300×9

⑩ 800×5

答え **1** ① 0 ② 0 **2** ① 8 ② 6 ③ 4 ④ 6 ⑤ 3 ⑥ 8 ⑦ 7 ⑧ 4 ⑨ 2 ⑩ 6 ⑪ 4 ⑫ 3 ⑬ 7 ⑭ 8 ⑮ 8 ⑯ 7 ⑰ 8 ⑱ 9

3 ① 80 ② 350 ③ 720 ④ 480 ⑤ 420 ⑥ 400 ⑦ 6300 ⑧ 1500 ⑨ 2700 ⑩ 4000

まとめ君 3年

4 2けたの数×1けたの数の計算（1）

名前　組　番　点

5点×20

計算をしましょう。

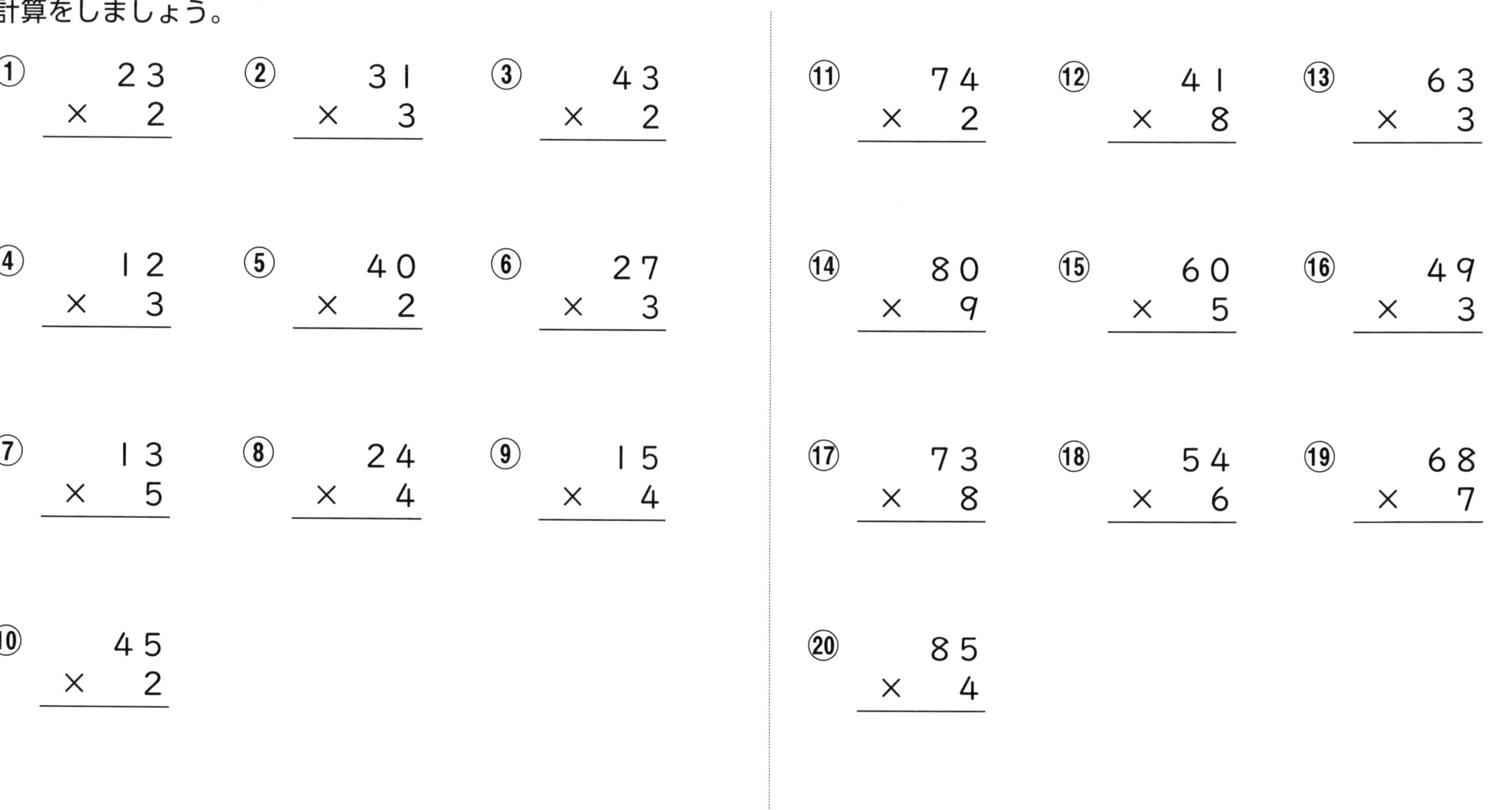

① 23×2

② 31×3

③ 43×2

④ 12×3

⑤ 40×2

⑥ 27×3

⑦ 13×5

⑧ 24×4

⑨ 15×4

⑩ 45×2

⑪ 74×2

⑫ 41×8

⑬ 63×3

⑭ 80×9

⑮ 60×5

⑯ 49×3

⑰ 73×8

⑱ 54×6

⑲ 68×7

⑳ 85×4

答え　① 46　② 93　③ 86　④ 36　⑤ 80　⑥ 81　⑦ 65　⑧ 96　⑨ 60　⑩ 90
⑪ 148　⑫ 328　⑬ 189　⑭ 720　⑮ 300　⑯ 147　⑰ 584　⑱ 324　⑲ 476　⑳ 340

3年

5 2けたの数×1けたの数の計算（2）

名前　　組　　番　　　点

5点×20

計算をしましょう。

① 18×8

② 38×3

③ 19×7

④ 37×3

⑤ 28×4

⑥ 26×4

⑦ 13×8

⑧ 34×3

⑨ 18×6

⑩ 25×4

⑪ 67×4

⑫ 58×6

⑬ 72×9

⑭ 83×7

⑮ 49×8

⑯ 76×8

⑰ 67×6

⑱ 84×6

⑲ 58×7

⑳ 75×4

答え
① 144　② 114　③ 133　④ 111　⑤ 112　⑥ 104　⑦ 104　⑧ 102　⑨ 108　⑩ 100
⑪ 268　⑫ 348　⑬ 648　⑭ 581　⑮ 392　⑯ 608　⑰ 402　⑱ 504　⑲ 406　⑳ 300

まとめ君 3年

6 3けたの数×1けたの数の計算

名前　　組　　番　　点

5点×20

計算をしましょう。

① 423 × 2

② 320 × 3

③ 217 × 4

④ 115 × 6

⑤ 282 × 3

⑥ 140 × 7

⑦ 278 × 3

⑧ 476 × 2

⑨ 361 × 8

⑩ 421 × 7

⑪ 613 × 3

⑫ 408 × 6

⑬ 548 × 4

⑭ 937 × 5

⑮ 179 × 4

⑯ 125 × 8

⑰ 329 × 4

⑱ 615 × 7

⑲ 786 × 7

⑳ 639 × 8

答え ① 846 ② 960 ③ 868 ④ 690 ⑤ 846 ⑥ 980 ⑦ 834 ⑧ 952 ⑨ 2888 ⑩ 2947
⑪ 1839 ⑫ 2448 ⑬ 2192 ⑭ 4685 ⑮ 716 ⑯ 1000 ⑰ 1316 ⑱ 4305 ⑲ 5502 ⑳ 5112

3年

7 かける何十・2けたの数の計算（1）

名前　　組　　番　　　点

5点×20

計算をしましょう。

① 7×40

② 8×50

③ 23×30

④ 60×50

⑤ 12×14

⑥ 23×21

⑦ 30×13

⑧ 29×32

⑨ 17×43

⑩ 16×44

⑪ 37×48

⑫ 56×39

⑬ 74×68

⑭ 63×59

⑮ 80×76

⑯ 24×27

⑰ 43×15

⑱ 37×26

⑲ 75×12

⑳ 46×23

答え　① 280　② 400　③ 690　④ 3000　⑤ 168　⑥ 483　⑦ 390　⑧ 928　⑨ 731　⑩ 704
⑪ 1776　⑫ 2184　⑬ 5032　⑭ 3717　⑮ 6080　⑯ 648　⑰ 645　⑱ 962　⑲ 900　⑳ 1058

まとめ君 3年

8 かける2けたの数の計算 (2)、3けたの数×2けたの数の計算

名前　　組　　番　　点

5点×20

計算をしましょう。

① 23×74

② 35×82

③ 43×62

④ 16×75

⑤ 12×30

⑥ 47×20

⑦ 78×60

⑧ 45×90

ひっ算で計算をしましょう。

⑨ 6 × 37

⑩ 8 × 65

⑪ 123×32

⑫ 321×23

⑬ 324×26

⑭ 412×32

⑮ 587×64

⑯ 745×59

⑰ 603×49

⑱ 807×83

⑲ 406×70

⑳ 802×50

答え ① 1702 ② 2870 ③ 2666 ④ 1200 ⑤ 360 ⑥ 940 ⑦ 4680 ⑧ 4050 ⑨ 222 ⑩ 520 ⑪ 3936 ⑫ 7383 ⑬ 8424 ⑭ 13184 ⑮ 37568 ⑯ 43955 ⑰ 29547 ⑱ 66981 ⑲ 28420 ⑳ 40100

3年

9 わり算、あまりのあるわり算

名前　組　番

1 点　2 点

5点×20　10点×10

1 計算をしましょう。

① 48 ÷ 6
② 42 ÷ 7
③ 28 ÷ 7
④ 49 ÷ 7
⑤ 32 ÷ 8
⑥ 36 ÷ 9
⑦ 12 ÷ 3
⑧ 48 ÷ 8
⑨ 28 ÷ 4
⑩ 27 ÷ 9
⑪ 32 ÷ 4
⑫ 54 ÷ 9
⑬ 56 ÷ 7
⑭ 24 ÷ 4
⑮ 64 ÷ 8
⑯ 7 ÷ 1
⑰ 0 ÷ 2
⑱ 3 ÷ 3
⑲ 9 ÷ 1
⑳ 5 ÷ 5

2 計算をしましょう。

① 9 ÷ 2
② 38 ÷ 5
③ 27 ÷ 4
④ 29 ÷ 3
⑤ 68 ÷ 8
⑥ 51 ÷ 6
⑦ 32 ÷ 9
⑧ 54 ÷ 7
⑨ 50 ÷ 8
⑩ 62 ÷ 7

答え
1 ① 8　② 6　③ 4　④ 7　⑤ 4　⑥ 4　⑦ 4　⑧ 6　⑨ 7　⑩ 3
⑪ 8　⑫ 6　⑬ 8　⑭ 6　⑮ 8　⑯ 7　⑰ 0　⑱ 1　⑲ 9　⑳ 1
2 ① 4あまり1　② 7あまり3　③ 6あまり3　④ 9あまり2　⑤ 8あまり4
⑥ 8あまり3　⑦ 3あまり5　⑧ 7あまり5　⑨ 6あまり2　⑩ 8あまり6

まとめ君 3年

10 わり算まとめ、大きい数のわり算

名前　組　番

1 点　2 点

5点×20　5点×20

1 計算をしましょう。

①	12 ÷ 3	⑪	19 ÷ 2
②	42 ÷ 7	⑫	22 ÷ 3
③	12 ÷ 2	⑬	56 ÷ 8
④	32 ÷ 4	⑭	48 ÷ 7
⑤	51 ÷ 7	⑮	54 ÷ 9
⑥	53 ÷ 6	⑯	32 ÷ 8
⑦	20 ÷ 5	⑰	30 ÷ 4
⑧	47 ÷ 8	⑱	47 ÷ 9
⑨	26 ÷ 9	⑲	24 ÷ 6
⑩	42 ÷ 6	⑳	4 ÷ 4

2 計算をしましょう。

①	20 ÷ 2	⑪	36 ÷ 3
②	60 ÷ 3	⑫	24 ÷ 2
③	50 ÷ 5	⑬	84 ÷ 4
④	40 ÷ 2	⑭	68 ÷ 2
⑤	80 ÷ 4	⑮	69 ÷ 3
⑥	90 ÷ 3	⑯	46 ÷ 2
⑦	70 ÷ 7	⑰	93 ÷ 3
⑧	60 ÷ 2	⑱	48 ÷ 4
⑨	30 ÷ 3	⑲	86 ÷ 2
⑩	80 ÷ 2	⑳	55 ÷ 5

答え 1 ① 4　② 6　③ 6　④ 8　⑤ 7あまり2　⑥ 8あまり5　⑦ 4　⑧ 5あまり7　⑨ 2あまり8　⑩ 7
⑪ 9あまり1　⑫ 7あまり1　⑬ 7　⑭ 6あまり6　⑮ 6　⑯ 4　⑰ 7あまり2　⑱ 5あまり2　⑲ 4　⑳ 1
2 ① 10　② 20　③ 10　④ 20　⑤ 20　⑥ 30　⑦ 10　⑧ 30　⑨ 10　⑩ 40

11 小数のたし算・ひき算（1）

名前　組　番　点

5点×20

1 計算をしましょう。

① 0.2＋0.5

② 0.4＋0.6

③ 0.1＋2.4

④ 3＋0.7

⑤ 0.8＋0.3

⑥ 0.3－0.2

⑦ 1.7－0.5

⑧ 1－0.6

⑨ 2.8－2

⑩ 1.4－0.9

2 計算をしましょう。

① 4.3＋2.5

② 3.2＋6.1

③ 2.4＋3.7

④ 5.8＋2.6

⑤ 6.5＋1.9

⑥ 4.6－2.3

⑦ 7.4－3.2

⑧ 6.5－4.8

⑨ 8.3－3.6

⑩ 5.2－2.4

答え 1 ① 0.7 ② 1 ③ 2.5 ④ 3.7 ⑤ 1.1 ⑥ 0.1 ⑦ 1.2 ⑧ 0.4 ⑨ 0.8 ⑩ 0.5

2 ① 6.8 ② 9.3 ③ 6.1 ④ 8.4 ⑤ 8.4 ⑥ 2.3 ⑦ 4.2 ⑧ 1.7 ⑨ 4.7 ⑩ 2.8

まとめ君 3年

12 小数のたし算・ひき算（2）

名前　　組　　番　　　点

10点×10

ひっ算にして計算をしましょう。

① 1.2 + 3.8　② 4.6 + 2.4　③ 5.7 + 3.3　④ 3 + 3.6　⑤ 5 + 2.8

$$\begin{array}{r} 1.2 \\ +\ 3.8 \\ \hline \end{array}$$

⑥ 2.5 − 1.7　⑦ 7.2 − 6.8　⑧ 34 − 2.3　⑨ 67 − 4.2　⑩ 5.5 − 3

答え　① 5　② 7　③ 9　④ 6.6　⑤ 7.8　⑥ 0.8　⑦ 0.4　⑧ 31.7　⑨ 62.8　⑩ 2.5

3年

13 分数のたし算・ひき算

名前　　組　　番　　点

10点×10

計算をしましょう。

① $\frac{3}{10}+\frac{4}{10}$

② $\frac{2}{5}+\frac{1}{5}$

③ $\frac{3}{6}+\frac{2}{6}$

④ $\frac{4}{9}+\frac{3}{9}$

⑤ $\frac{1}{7}+\frac{6}{7}$

⑥ $\frac{3}{5}-\frac{2}{5}$

⑦ $\frac{5}{8}-\frac{3}{8}$

⑧ $\frac{4}{7}-\frac{1}{7}$

⑨ $1-\frac{5}{6}$

⑩ $1-\frac{4}{9}$

答え　① $\frac{7}{10}$　② $\frac{3}{5}$　③ $\frac{5}{6}$　④ $\frac{7}{9}$　⑤ $\frac{7}{7}$ (1)　⑥ $\frac{1}{5}$　⑦ $\frac{2}{8}$　⑧ $\frac{3}{7}$　⑨ $\frac{1}{6}$　⑩ $\frac{5}{9}$

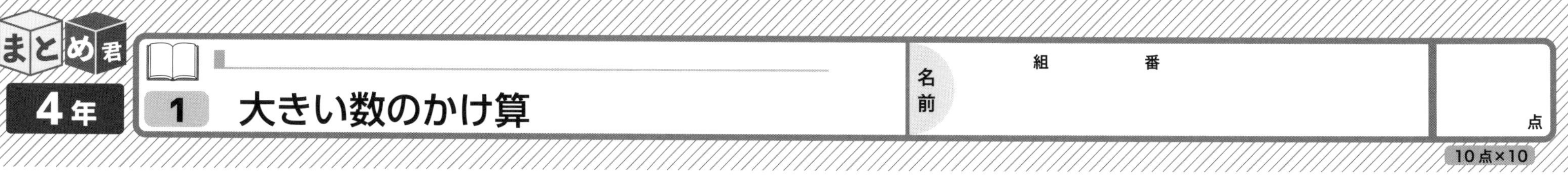

計算をしましょう。

① 359×273

② 463×358

③ 667×928

④ 203×472

⑤ 580×734

⑥ 347×602

⑦ 206×405

⑧ 3700×60

3700×60

⑨ 480×6300

⑩ 1200×450

答え ① 98007 ② 165754 ③ 618976 ④ 95816 ⑤ 425720 ⑥ 208894 ⑦ 83430 ⑧ 222000 ⑨ 3024000 ⑩ 540000

4年

2 何十・何百のわり算、2けたの数÷1けたの数の計算 (1)

名前　　組　　番

点

10点×10

計算をしましょう。

① $60 \div 2$

② $400 \div 8$

③ $350 \div 7$

④ $1000 \div 5$

⑤ $3\overline{)72}$

⑥ $6\overline{)78}$

⑦ $4\overline{)64}$

⑧ $5\overline{)95}$

⑨ $7\overline{)84}$

⑩ $5\overline{)80}$

答え　① 30　② 50　③ 50　④ 200　⑤ 24　⑥ 13　⑦ 16　⑧ 19　⑨ 12　⑩ 16

まとめ君 4年

3　2けたの数÷1けたの数の計算（2）

名前　　組　　番　　　点

10点×10

計算をしましょう。

① $3\overline{)76}$　② $5\overline{)84}$　③ $2\overline{)75}$　④ $6\overline{)79}$

⑤ $4\overline{)93}$　⑥ $7\overline{)87}$　⑦ $8\overline{)99}$　⑧ $3\overline{)41}$

⑨ $6\overline{)71}$　⑩ $8\overline{)90}$

答え　① 25あまり1　② 16あまり4　③ 37あまり1　④ 13あまり1　⑤ 23あまり1　⑥ 12あまり3　⑦ 12あまり3　⑧ 13あまり2　⑨ 11あまり5　⑩ 11あまり2

4年

4 2けたの数÷1けたの数の計算（3）

名前　　組　　番

点

10点×10

計算をしましょう。

① $3\overline{)64}$　② $4\overline{)89}$　③ $2\overline{)65}$　④ $5\overline{)58}$

⑤ $2\overline{)83}$　⑥ $2\overline{)48}$　⑦ $3\overline{)39}$　⑧ $2\overline{)86}$

⑨ $3\overline{)63}$　⑩ $2\overline{)64}$

答え　① 21 あまり 1　② 22 あまり 1　③ 32 あまり 1　④ 11 あまり 3　⑤ 41 あまり 1　⑥ 24　⑦ 13　⑧ 43　⑨ 21　⑩ 32

まとめ君 4年

5 2けたの数÷1けたの数の計算（4）

名前　　組　　番　　点

10点×10

計算をしましょう。

① $2\overline{)41}$　② $5\overline{)53}$　③ $3\overline{)62}$　④ $4\overline{)82}$

⑤ $6\overline{)65}$　⑥ $7\overline{)74}$　⑦ $4\overline{)43}$　⑧ $3\overline{)92}$

⑨ $4\overline{)80}$　⑩ $3\overline{)90}$

答え　① 20あまり1　② 10あまり3　③ 20あまり2　④ 20あまり2　⑤ 10あまり5　⑥ 10あまり4　⑦ 10あまり3　⑧ 30あまり2　⑨ 20　⑩ 30

まとめ君 4年

6 3けたの数÷1けたの数のわり算（1）

名前　　組　　番　　　点

10点×10

計算をしましょう。

① $3\overline{)524}$　② $5\overline{)763}$　③ $6\overline{)803}$　④ $8\overline{)985}$　⑤ $4\overline{)672}$

⑥ $7\overline{)805}$　⑦ $3\overline{)417}$　⑧ $5\overline{)840}$　⑨ $4\overline{)873}$　⑩ $3\overline{)645}$

答え　① 174あまり2　② 152あまり3　③ 133あまり5　④ 123あまり1　⑤ 168　⑥ 115　⑦ 139　⑧ 168　⑨ 218あまり1　⑩ 215

まとめ君 4年

7 3けたの数÷1けたの数のわり算（2）

名前　　組　　番　　　　点

10点×10

計算をしましょう。

① $6\overline{)729}$　② $3\overline{)546}$　③ $4\overline{)847}$　④ $3\overline{)697}$　⑤ $2\overline{)468}$

⑥ $3\overline{)693}$　⑦ $4\overline{)563}$　⑧ $2\overline{)780}$　⑨ $3\overline{)932}$　⑩ $4\overline{)840}$

答え　① 121あまり3　② 182　③ 211あまり3　④ 232あまり1　⑤ 234　⑥ 231　⑦ 140あまり3　⑧ 390　⑨ 310あまり2　⑩ 210

8 3けたの数÷1けたの数のわり算（3）

名前　組　番　点

10点×10

計算をしましょう。

① $5 \overline{)539}$　② $3 \overline{)918}$　③ $7 \overline{)762}$　④ $6 \overline{)474}$　⑤ $4 \overline{)336}$

⑥ $3 \overline{)169}$　⑦ $5 \overline{)238}$　⑧ $3 \overline{)215}$　⑨ $2 \overline{)186}$　⑩ $8 \overline{)487}$

答え　① 107あまり4　② 306　③ 108あまり6　④ 79　⑤ 84　⑥ 56あまり1　⑦ 47あまり3　⑧ 71あまり2　⑨ 93　⑩ 60あまり7

4年

9 わる何十・2けたの数の計算（1）

名前　　組　　番　　　点

10点×10

計算をしましょう。

① 120 ÷ 40　② 300 ÷ 60　③ 70 ÷ 30　④ 420 ÷ 80

⑤ $21\overline{)42}$　⑥ $14\overline{)28}$　⑦ $23\overline{)69}$　⑧ $12\overline{)36}$

⑨ $33\overline{)99}$　⑩ $21\overline{)84}$

答え　① 3　② 5　③ 2あまり10　④ 5あまり20　⑤ 2　⑥ 2　⑦ 3　⑧ 3　⑨ 3　⑩ 4

4年

10 2けたの数÷2けたの数の計算（2）

名前　　組　　番　　　点

10点×10

計算をしましょう。

① 12)49　　② 24)59　　③ 34)69　　④ 42)87

⑤ 30)92　　⑥ 51)71　　⑦ 21)65　　⑧ 62)81

⑨ 13)45　　⑩ 23)70

答え　① 4あまり1　② 2あまり11　③ 2あまり1　④ 2あまり3　⑤ 3あまり2　⑥ 1あまり20　⑦ 3あまり2　⑧ 1あまり19　⑨ 3あまり6　⑩ 3あまり1

まとめ君 4年

11 2けたの数÷2けたの数の計算（3）

名前　　組　　番　　点

10点×10

計算をしましょう。

① $12\overline{)35}$　② $13\overline{)46}$　③ $14\overline{)58}$　④ $23\overline{)64}$

⑤ $32\overline{)61}$　⑥ $12\overline{)71}$　⑦ $13\overline{)64}$　⑧ $14\overline{)51}$

⑨ $12\overline{)92}$　⑩ $13\overline{)83}$

答え　① 2あまり11　② 3あまり7　③ 4あまり2　④ 2あまり18　⑤ 1あまり29　⑥ 5あまり11　⑦ 4あまり12　⑧ 3あまり9　⑨ 7あまり8　⑩ 6あまり5

4年

12 2けたの数÷2けたの数の計算（4）

名前　　組　　番　　　点

10点×10

計算をしましょう。

① $18\overline{)42}$　② $19\overline{)80}$　③ $28\overline{)65}$　④ $29\overline{)94}$

⑤ $38\overline{)82}$　⑥ $17\overline{)54}$　⑦ $27\overline{)55}$　⑧ $19\overline{)98}$

⑨ $18\overline{)92}$　⑩ $29\overline{)89}$

答え　① 2あまり6　② 4あまり4　③ 2あまり9　④ 3あまり7　⑤ 2あまり6　⑥ 3あまり3　⑦ 2あまり1　⑧ 5あまり3
⑨ 5あまり2　⑩ 3あまり2

まとめ君 4年

13 2けたの数÷2けたの数の計算（5）

名前　　組　　番　　点

10点×10

計算をしましょう。

① 14)47　② 25)83　③ 16)68　④ 26)82

⑤ 17)95　⑥ 24)41　⑦ 15)46　⑧ 34)75

⑨ 26)91　⑩ 35)95

答え　① 3あまり5　② 3あまり8　③ 4あまり4　④ 3あまり4　⑤ 5あまり10　⑥ 1あまり17　⑦ 3あまり1　⑧ 2あまり7　⑨ 3あまり13　⑩ 2あまり25

まとめ君 4年

14 3けたの数÷2けたの数の計算（1）

名前　　組　　番　　　点

10点×10

計算をしましょう。

① $32\overline{)275}$　② $43\overline{)286}$　③ $23\overline{)182}$　④ $52\overline{)351}$

⑤ $73\overline{)574}$　⑥ $17\overline{)137}$　⑦ $25\overline{)129}$　⑧ $27\overline{)208}$

⑨ $36\overline{)223}$　⑩ $47\overline{)393}$

答え　① 8あまり19　② 6あまり28　③ 7あまり21　④ 6あまり39　⑤ 7あまり63　⑥ 8あまり1　⑦ 5あまり4　⑧ 7あまり19　⑨ 6あまり7　⑩ 8あまり17

まとめ君 4年

15 3けたの数÷2けたの数の計算（2）

名前　　組　　番　　点

10点×10

計算をしましょう。

① $23 \overline{)189}$　② $19 \overline{)180}$　③ $33 \overline{)165}$　④ $41 \overline{)263}$

⑤ $53 \overline{)371}$　⑥ $14 \overline{)132}$　⑦ $27 \overline{)263}$　⑧ $16 \overline{)141}$

⑨ $41 \overline{)402}$　⑩ $85 \overline{)847}$

答え　① 8あまり5　② 9あまり9　③ 5　④ 6あまり17　⑤ 7　⑥ 9あまり6　⑦ 9あまり20　⑧ 8あまり13　⑨ 9あまり33　⑩ 9あまり82

16 3けたの数÷2けたの数の計算（3）

名前　　組　　番　　　　点

10点×10

計算をしましょう。

① $12\overline{)264}$

② $34\overline{)785}$

③ $23\overline{)621}$

④ $42\overline{)894}$

⑤ $53\overline{)848}$

⑥ $27\overline{)299}$

⑦ $48\overline{)720}$

⑧ $35\overline{)927}$

⑨ $62\overline{)752}$

⑩ $29\overline{)841}$

答え　① 22　② 23あまり3　③ 27　④ 21あまり12　⑤ 16　⑥ 11あまり2　⑦ 15　⑧ 26あまり17　⑨ 12あまり8　⑩ 29

まとめ君

4年

17 3けたの数÷2けたの数の計算（4）

名前　　組　　番　　　点

10点×10

計算をしましょう。

① $14\overline{)482}$　② $24\overline{)876}$　③ $29\overline{)861}$　④ $13\overline{)429}$

⑤ $31\overline{)767}$　⑥ $12\overline{)808}$　⑦ $33\overline{)627}$　⑧ $53\overline{)906}$

⑨ $37\overline{)813}$　⑩ $18\overline{)756}$

答え　① 34あまり6　② 36あまり12　③ 29あまり20　④ 33　⑤ 24あまり23　⑥ 67あまり4　⑦ 19　⑧ 17あまり5　⑨ 21あまり36　⑩ 42

18 3けたの数÷2けたの数の計算（5）

名前　　組　　番　　　点

10点×10

計算をしましょう。

① 16)332　② 24)981　③ 32)973　④ 43)865

⑤ 36)754　⑥ 14)706　⑦ 29)870　⑧ 24)960

⑨ 38)760　⑩ 15)900

答え ① 20あまり12 ② 40あまり21 ③ 30あまり13 ④ 20あまり5 ⑤ 20あまり34 ⑥ 50あまり6 ⑦ 30 ⑧ 40 ⑨ 20 ⑩ 60

まとめ君

4年

19 3けたの数÷3けたの数の計算

名前　　組　　番　　　　点

10点×10

計算をしましょう。

① $125\overline{)750}$　② $243\overline{)987}$　③ $276\overline{)828}$　④ $353\overline{)853}$　⑤ $425\overline{)2550}$

⑥ $326\overline{)9011}$　⑦ $50\overline{)3800}$　⑧ $300\overline{)4500}$　⑨ $70\overline{)850}$　⑩ $600\overline{)8000}$

答え　① 6　② 4あまり15　③ 3　④ 2あまり147　⑤ 6　⑥ 27あまり209　⑦ 76　⑧ 15　⑨ 12あまり10　⑩ 13あまり200

まとめ君 4年

20 計算のきまりとくふう

名前　　組　　番　　　　点

10点×10

計算をしましょう。

① 1000 − (200 + 50)　　② 25 × (82 − 78)　　③ 10 + 5 × 14

④ 61 + 45 ÷ 5　　⑤ 300 − 150 ÷ 30　　⑥ 4 × 8 − 6 ÷ 3

⑦ 7 × (9 − 8 ÷ 4)　　⑧ 6 × (8 − 3) ÷ 2　　⑨ 25 × 104

⑩ 97 × 4

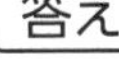
答え ① 750  ② 100  ③ 80 ④ 70 ⑤ 295 ⑥ 30 ⑦ 49 ⑧ 15 ⑨ 2600 ⑩ 388

まとめ君

4年

21 小数のたし算

名前　　組　　番　　　点

10点×10

1 計算をしましょう。

① $\begin{array}{r} 3.28 \\ +\ 2.54 \\ \hline \end{array}$

② $\begin{array}{r} 26.36 \\ +\ 0.65 \\ \hline \end{array}$

③ $\begin{array}{r} 0.351 \\ +\ 2.673 \\ \hline \end{array}$

④ $\begin{array}{r} 7.36 \\ +\ 5.84 \\ \hline \end{array}$

⑤ $\begin{array}{r} 0.065 \\ +\ 0.135 \\ \hline \end{array}$

2 筆算にして計算をしましょう。

① 4.83 + 2.5

② 16.4 + 2.03

③ 0.678 + 3.4

④ 10.5 + 0.82

⑤ 9 + 7.65

答え 1 ① 5.82　② 27.01　③ 3.024　④ 13.2　⑤ 0.2　2 ① 7.33　② 18.43　③ 4.078　④ 11.32　⑤ 16.65

4年

22 小数のひき算

名前　　組　　番

点

10点×10

筆算にして計算をしましょう。

① $\begin{array}{r} 4.34 \\ -\ 3.45 \\ \hline \end{array}$

② $\begin{array}{r} 6.084 \\ -\ 0.724 \\ \hline \end{array}$

③ 3.84 − 1.2

④ 7.463 − 0.58

⑤ 10.2 − 9.53

⑥ 46.7 − 0.78

⑦ 2.39 − 2.384

⑧ 36 − 7.98

⑨ 7 − 0.088

⑩ 1 − 0.093

答え　① 0.89　② 5.36　③ 2.64　④ 6.883　⑤ 0.67　⑥ 45.92　⑦ 0.006　⑧ 28.02　⑨ 6.912　⑩ 0.907

まとめ君 4年

23 小数のかけ算（1）

名前　　組　　番　　点

10点×10

計算をしましょう。

① 2.3×4

② 3.9×8

③ 13.4×6

④ 14.3×5

⑤ 16.7×8

⑥ 32.6×7

⑦ 0.2×3

⑧ 0.4×2

⑨ 4.5×4

⑩ 7.5×6

答え　① 9.2　② 31.2　③ 80.4　④ 71.5　⑤ 133.6　⑥ 228.2　⑦ 0.6　⑧ 0.8　⑨ 18　⑩ 45

まとめ君 4年

24 小数のかけ算（2）

名前　　組　　番　　点

10点×10

計算をしましょう。

① 7.5×8

② 17.5×4

③ 0.8×27

④ 6.7×43

⑤ 7.5×42

⑥ 12.3×15

⑦ 24.5×31

⑧ 38.4×17

⑨ 40.3×35

⑩ 13.6×25

① 60　② 70　③ 21.6　④ 288.1　⑤ 315　⑥ 184.5　⑦ 759.5　⑧ 652.8　⑨ 1410.5　⑩ 340

まとめ君 4年

25 小数のわり算（1）

名前　　組　　番　　点

10点×10

計算をしましょう。

① $3\overline{)8.4}$	② $4\overline{)7.6}$	③ $5\overline{)70.5}$	④ $3\overline{)67.8}$	⑤ $4\overline{)15.6}$
⑥ $7\overline{)44.1}$	⑦ $9\overline{)78.3}$	⑧ $6\overline{)4.8}$	⑨ $7\overline{)4.2}$	⑩ $8\overline{)5.6}$

答え　① 2.8　② 1.9　③ 14.1　④ 22.6　⑤ 3.9　⑥ 6.3　⑦ 8.7　⑧ 0.8　⑨ 0.6　⑩ 0.7

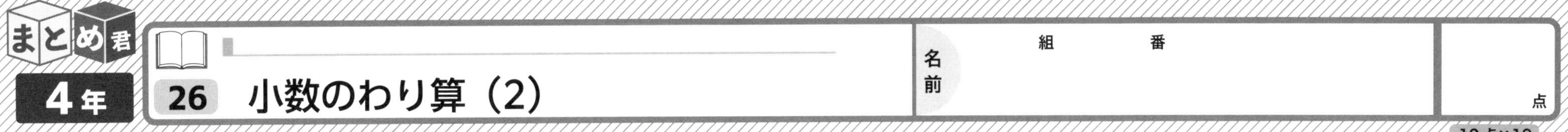

まとめ君 4年

26 小数のわり算（2）

名前　組　番　点

10点×10

計算をしましょう。

① 32)67.2　② 26)46.8　③ 14)51.8　④ 19)81.7　⑤ 23)13.8

⑥ 37)29.6　⑦ 45)22.5　⑧ 2)2.46　⑨ 4)8.16　⑩ 8)6.32

答え　① 2.1　② 1.8　③ 3.7　④ 4.3　⑤ 0.6　⑥ 0.8　⑦ 0.5 　⑧ 1.23　⑨ 2.04　⑩ 0.79

まとめ君 4年

27 小数のわり算（3）

名前　　組　　番　　点

10点×10

計算をしましょう。

① $13 \overline{)2.34}$　② $24 \overline{)7.68}$　③ $37 \overline{)9.25}$　④ $8 \overline{)0.32}$　⑤ $17 \overline{)1.19}$

⑥ $49 \overline{)3.92}$　⑦ $6 \overline{)0.294}$　⑧ $8 \overline{)0.536}$　⑨ $43 \overline{)0.258}$　⑩ $27 \overline{)0.216}$

答え　① 0.18　② 0.32　③ 0.25　④ 0.04　⑤ 0.07　⑥ 0.08　⑦ 0.049　⑧ 0.067　⑨ 0.006　⑩ 0.008

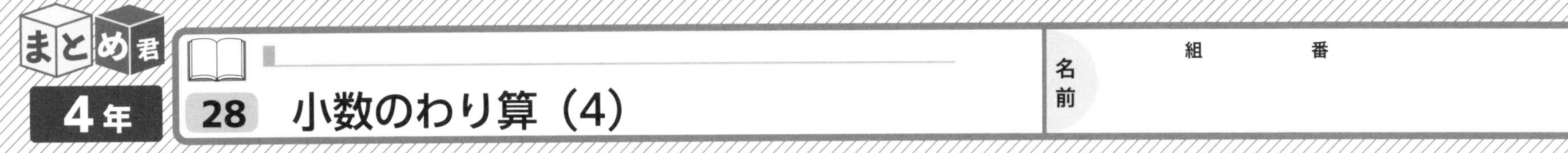

まとめ君 4年

28 小数のわり算（4）

名前　組　番　点

10点×10

1 商は一の位まで求め、あまりも出しましょう。

① $4\overline{)54.9}$　② $7\overline{)60.3}$　③ $12\overline{)49.7}$　④ $29\overline{)78.6}$　⑤ $25\overline{)84.1}$

2 わりきれるまで計算をしましょう。

① $5\overline{)37}$　② $6\overline{)51}$　③ $5\overline{)2}$　④ $4\overline{)15}$　⑤ $8\overline{)5}$

答え 1 ① 13あまり2.9　② 8あまり4.3　③ 4あまり1.7　④ 2あまり20.6　⑤ 3あまり9.1

2 ① 7.4　② 8.5　③ 0.4　④ 3.75　⑤ 0.625

まとめ君 4年

29 小数のかけ算（3）

名前　組　番　　点

10点×10

計算をしましょう。

① 57.8×60

② 14.5×40

③ 3.74×2

④ 1.73×5

⑤ 5.03×4

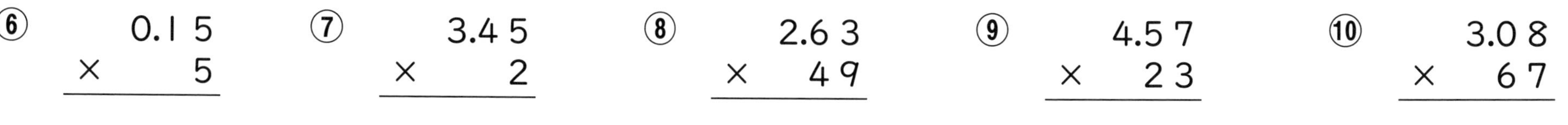

⑥ 0.15×5

⑦ 3.45×2

⑧ 2.63×49

⑨ 4.57×23

⑩ 3.08×67

答え　① 3468　② 580　③ 7.48　④ 8.65　⑤ 20.12　⑥ 0.75　⑦ 6.9　⑧ 128.87　⑨ 105.11　⑩ 206.36

まとめ君 4年

30 小数のわり算（5）

名前　　組　　番　　　　点

10点×10

計算をしましょう。

1 わりきれるまで計算しましょう。

① $33 \div 12$　② $18 \div 24$　③ $3.6 \div 5$　④ $0.4 \div 8$　⑤ $40.5 \div 18$

⑥ $26.4 \div 32$　⑦ $5.4 \div 72$

2 商は四捨五入して、上から2けたまでのがい数にしましょう。

① $14 \div 3$　② $23.4 \div 7$

3 商は四捨五入して、$\frac{1}{10}$の位までのがい数にしましょう。

① $13.7 \div 16$

答え 1 ① 2.75　② 0.75　③ 0.72　④ 0.05　⑤ 2.25　⑥ 0.825　⑦ 0.075
2 ①（約）4.7　②（約）3.3　3 ①（約）0.9

4年

31 分数のたし算

名前　　組　　番

点

10点×10

計算をしましょう。

① $\frac{2}{5}+\frac{4}{5}$

② $\frac{5}{8}+\frac{9}{8}$

③ $1\frac{2}{4}+2\frac{1}{4}$

④ $3\frac{3}{6}+\frac{2}{6}$

⑤ $2+4\frac{2}{5}$

⑥ $1\frac{2}{3}+\frac{2}{3}$

⑦ $2\frac{2}{4}+\frac{3}{4}$

⑧ $\frac{6}{7}+3\frac{4}{7}$

⑨ $2\frac{2}{5}+\frac{3}{5}$

⑩ $\frac{5}{6}+3\frac{1}{6}$

答え　① $\frac{6}{5}\left(1\frac{1}{5}\right)$　② $\frac{14}{8}\left(1\frac{6}{8}\right)$　③ $3\frac{3}{4}\left(\frac{15}{4}\right)$　④ $3\frac{5}{6}\left(\frac{23}{6}\right)$　⑤ $6\frac{2}{5}\left(\frac{32}{5}\right)$　⑥ $2\frac{1}{3}\left(\frac{7}{3}\right)$　⑦ $3\frac{1}{4}\left(\frac{13}{4}\right)$　⑧ $4\frac{3}{7}\left(\frac{31}{7}\right)$　⑨ 3　⑩ 4

32 分数のひき算

名前　組　番　点

10点×10

計算をしましょう。

① $\frac{7}{3}-\frac{2}{3}$

② $\frac{10}{6}-\frac{4}{6}$

③ $2\frac{3}{5}-1\frac{2}{5}$

④ $1\frac{2}{4}-\frac{1}{4}$

⑤ $3\frac{1}{3}-\frac{2}{3}$

⑥ $1\frac{2}{4}-\frac{3}{4}$

⑦ $4\frac{3}{5}-\frac{7}{5}$

⑧ $2\frac{4}{7}-\frac{6}{7}$

⑨ $3-\frac{1}{2}$

⑩ $2-\frac{3}{4}$

答え　① $\frac{5}{3}\left(1\frac{2}{3}\right)$　② $\frac{6}{6}$（1）　③ $1\frac{1}{5}\left(\frac{6}{5}\right)$　④ $1\frac{1}{4}\left(\frac{5}{4}\right)$　⑤ $2\frac{2}{3}\left(\frac{8}{3}\right)$　⑥ $\frac{3}{4}$　⑦ $3\frac{1}{5}\left(\frac{16}{5}\right)$　⑧ $1\frac{5}{7}\left(\frac{12}{7}\right)$　⑨ $2\frac{1}{2}\left(\frac{5}{2}\right)$　⑩ $1\frac{1}{4}\left(\frac{5}{4}\right)$

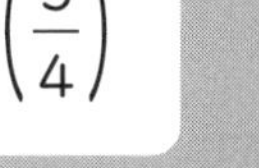

まとめ君 5年

1 小数のかけ算（1）

名前　　組　　番　　点

10点×10

計算をしましょう。

① 4.73×5.2

② 2.71×6.3

③ 3.8×2.3

④ 34×7.8

⑤ 123×4.5

⑥ 726×3.2

⑦ 2.6×8.5

⑧ 3.92×7.5

⑨ 4.25×5.6

⑩ 675×1.2

答え　① 24.596　② 17.073　③ 8.74　④ 265.2　⑤ 553.5　⑥ 2323.2　⑦ 22.1　⑧ 29.4　⑨ 23.8　⑩ 810

計算をしましょう。

① 0.15×1.3

② 0.18×4.2

③ 0.57×1.4

④ 0.26×2.3

⑤ 0.5×1.6

⑥ 0.42×1.5

⑦ 7.3×0.6

⑧ 28.4×0.4

⑨ 0.8×0.7

⑩ 0.04×0.2

答え ① 0.195 ② 0.756 ③ 0.798 ④ 0.598 ⑤ 0.8 ⑥ 0.63 ⑦ 4.38 ⑧ 11.36 ⑨ 0.56 ⑩ 0.008

5年

3 小数のわり算（1）

名前　　組　　番　　　点

10点×10

わりきれるまで計算をしましょう。

① $1.4 \overline{)2.24}$　② $3.2 \overline{)8.64}$　③ $4.5 \overline{)34.2}$　④ $5.8 \overline{)6.96}$　⑤ $3.14 \overline{)7.85}$

⑥ $6.3 \overline{)50.4}$　⑦ $3.4 \overline{)23.8}$　⑧ $1.7 \overline{)59.5}$　⑨ $1.82 \overline{)3.64}$　⑩ $2.48 \overline{)74.4}$

答え　① 1.6　② 2.7　③ 7.6　④ 1.2　⑤ 2.5　⑥ 8　⑦ 7　⑧ 35　⑨ 2　⑩ 30

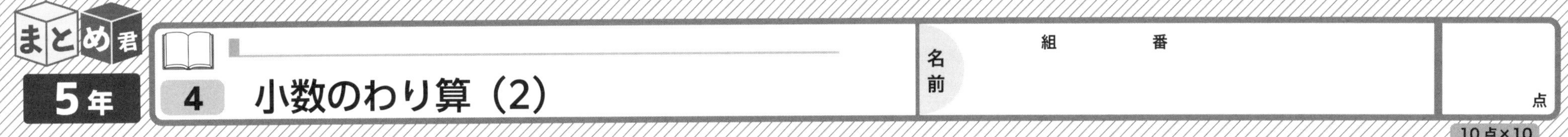

わりきれるまで計算をしましょう。

① 7.4) 4.44
② 5.6) 3.36
③ 4.2) 2.94
④ 2.5) 1.05
⑤ 2.6) 1.95

⑥ 4.5) 3.78
⑦ 7.2) 2.34
⑧ 2.8) 7
⑨ 2.5) 9
⑩ 3.6) 27

答え ① 0.6 ② 0.6 ③ 0.7 ④ 0.42 ⑤ 0.75 ⑥ 0.84 ⑦ 0.325 ⑧ 2.5 ⑨ 3.6 ⑩ 7.5

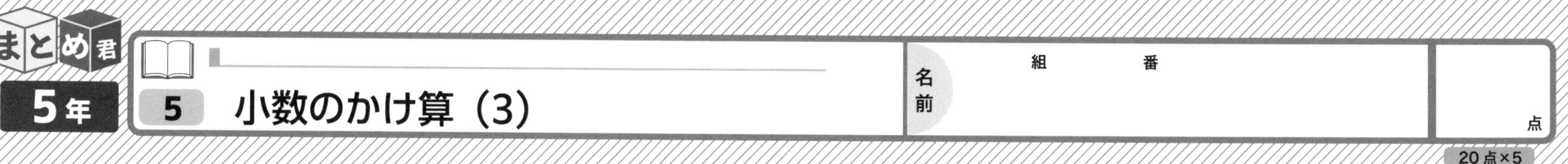

5年 5 小数のかけ算（3）

名前　　組　　番　　点

20点×5

くふうして計算をしましょう。

① $\begin{array}{r} 0.6 \\ \times\ 0.5 \\ \hline \end{array}$

② $\begin{array}{r} 2.25 \\ \times\ 0.4 \\ \hline \end{array}$

③ $1.3 \times 4 \times 2.5$

④ $3.4 \times 1.2 + 1.6 \times 1.2$

⑤ 9.6×15

答え　① 0.3　② 0.9　③ $1.3 \times (4 \times 2.5) = 1.3 \times 10 = 13$　④ $(3.4 + 1.6) \times 1.2 = 5 \times 1.2 = 6$　⑤ $(10 - 0.4) \times 15 = 10 \times 15 - 0.4 \times 15 = 150 - 6$

5年

6 小数のわり算（3）

名前　　組　　番　　点

10点×10

1 わりきれるまで計算をしましょう。

① 0.6)21.6　② 0.7)4.55　③ 0.3)3.75

④ 0.4)0.53　⑤ 0.5)8　⑥ 0.4)5

2 商は一の位まで求め、あまりも出しましょう。

① 2.4)5.7　② 6.2)450

3 商は四捨五入して、上から2けたのがい数にしましょう。

① 1.3)2.4　② 7.9)34.5

答え 1 ① 36　② 6.5　③ 12.5　④ 1.325　⑤ 16　⑥ 12.5　2 ① 2あまり0.9　② 72あまり3.6
3 ①（約）1.8　②（約）4.4

まとめ君 5年

7 分数のたし算

名前　　組　　番　　点

10点×10

計算をしましょう。

① $\frac{2}{5}+\frac{1}{4}$　　② $\frac{4}{7}+\frac{1}{3}$　　③ $\frac{3}{2}+\frac{2}{7}$

④ $\frac{7}{6}+\frac{3}{5}$　　⑤ $\frac{3}{5}+\frac{3}{10}$　　⑥ $\frac{2}{3}+\frac{5}{12}$

⑦ $\frac{5}{4}+\frac{1}{7}$　　⑧ $\frac{5}{6}+\frac{9}{8}$　　⑨ $\frac{5}{3}+\frac{3}{4}$

⑩ $\frac{5}{12}+\frac{5}{9}$

答え　① $\frac{13}{20}$　② $\frac{19}{21}$　③ $\frac{25}{14}\left(1\frac{11}{14}\right)$　④ $\frac{53}{30}\left(1\frac{23}{30}\right)$　⑤ $\frac{9}{10}$　⑥ $\frac{13}{12}\left(1\frac{1}{12}\right)$　⑦ $\frac{39}{28}\left(1\frac{11}{28}\right)$　⑧ $\frac{47}{24}\left(1\frac{23}{24}\right)$　⑨ $\frac{29}{12}\left(2\frac{5}{12}\right)$　⑩ $\frac{35}{36}$

8 分数のひき算

名前　組　番　点

10点×10

計算をしましょう。

① $\frac{3}{5}-\frac{1}{3}$

② $\frac{7}{9}-\frac{2}{5}$

③ $\frac{8}{7}-\frac{1}{3}$

④ $\frac{7}{3}-\frac{9}{8}$

⑤ $\frac{2}{3}-\frac{1}{9}$

⑥ $\frac{3}{5}-\frac{3}{10}$

⑦ $\frac{7}{3}-\frac{1}{4}$

⑧ $\frac{13}{7}-\frac{3}{4}$

⑨ $\frac{13}{12}-\frac{7}{8}$

⑩ $\frac{14}{11}-\frac{1}{2}$

答え　① $\frac{4}{15}$　② $\frac{17}{45}$　③ $\frac{17}{21}$　④ $\frac{29}{24}\left(1\frac{5}{24}\right)$　⑤ $\frac{5}{9}$　⑥ $\frac{3}{10}$　⑦ $\frac{25}{12}\left(2\frac{1}{12}\right)$　⑧ $\frac{31}{28}\left(1\frac{3}{28}\right)$　⑨ $\frac{5}{24}$　⑩ $\frac{17}{22}$

まとめ君

5年

9 分数のたし算・ひき算

名前　　組　　番　　点

10点×10

計算をしましょう。

① $2\frac{1}{3} + 2\frac{1}{2}$

② $3\frac{1}{4} + 2\frac{1}{5}$

③ $1\frac{1}{2} + 3\frac{1}{6}$

④ $2\frac{1}{6} + 1\frac{1}{10}$

⑤ $3\frac{2}{5} + \frac{7}{10}$

⑥ $3\frac{3}{5} - 2\frac{1}{3}$

⑦ $1\frac{3}{4} - 1\frac{3}{7}$

⑧ $2\frac{5}{6} - 1\frac{1}{3}$

⑨ $2\frac{7}{10} - 1\frac{1}{6}$

⑩ $3\frac{1}{2} - \frac{5}{6}$

答え　① $4\frac{5}{6}\left(\frac{29}{6}\right)$　② $5\frac{9}{20}\left(\frac{109}{20}\right)$　③ $4\frac{2}{3}\left(\frac{14}{3}\right)$　④ $3\frac{4}{15}\left(\frac{49}{15}\right)$　⑤ $4\frac{1}{10}\left(\frac{41}{10}\right)$　⑥ $1\frac{4}{15}\left(\frac{19}{15}\right)$　⑦ $\frac{9}{28}$　⑧ $1\frac{1}{2}\left(\frac{3}{2}\right)$　⑨ $1\frac{8}{15}\left(\frac{23}{15}\right)$　⑩ $2\frac{2}{3}\left(\frac{8}{3}\right)$

まとめ君 5年

10 分数と小数のたし算・ひき算

名前　組　番　点

10点×10

計算をしましょう。

① $\frac{1}{3}+\frac{5}{6}+\frac{4}{9}$

② $\frac{3}{4}-\frac{1}{6}-\frac{1}{12}$

③ $\frac{2}{3}+\frac{3}{4}-\frac{4}{5}$

④ $0.7+\frac{3}{5}$

⑤ $\frac{7}{10}-0.65$

⑥ $0.85-\frac{1}{4}$

⑦ $\frac{2}{3}+0.75$

⑧ $0.4+\frac{5}{6}$

⑨ $\frac{3}{7}-0.2$

⑩ $0.6-\frac{1}{9}$

答え ① $\frac{29}{18}\left(1\frac{11}{18}\right)$ ② $\frac{1}{2}$ ③ $\frac{37}{60}$ ④ $1.3\left(\frac{13}{10}\right)\left(1\frac{3}{10}\right)$ ⑤ $0.05\left(\frac{1}{20}\right)$ ⑥ $0.6\left(\frac{3}{5}\right)$ ⑦ $\frac{17}{12}\left(1\frac{5}{12}\right)$ ⑧ $\frac{37}{30}\left(1\frac{7}{30}\right)$ ⑨ $\frac{8}{35}$ ⑩ $\frac{22}{45}$

まとめ君 6年

1 分数のかけ算（1）

名前　　組　　番　　点

10点×10

計算をしましょう。

① $\frac{2}{7} \times 4$

② $\frac{5}{3} \times 4$

③ $\frac{7}{6} \times 2$

④ $\frac{3}{8} \times 6$

⑤ $\frac{5}{9} \times 6$

⑥ $\frac{6}{7} \times 7$

⑦ $\frac{8}{5} \times 15$

⑧ $\frac{2}{9} \times 18$

⑨ $\frac{3}{14} \times 21$

⑩ $\frac{9}{25} \times 75$

答え　① $\frac{8}{7}$ $\left(1\frac{1}{7}\right)$　② $\frac{20}{3}$ $\left(6\frac{2}{3}\right)$　③ $\frac{7}{3}$ $\left(2\frac{1}{3}\right)$　④ $\frac{9}{4}$ $\left(2\frac{1}{4}\right)$　⑤ $\frac{10}{3}$ $\left(3\frac{1}{3}\right)$　⑥ 6　⑦ 24　⑧ 4　⑨ $\frac{9}{2}$ $\left(4\frac{1}{2}\right)$　⑩ 27

6年

2 分数のかけ算（2）

名前　　組　　番

点

10点×10

計算をしましょう。

① $\frac{4}{5} \times \frac{6}{7}$

② $\frac{5}{3} \times \frac{11}{9}$

③ $\frac{3}{8} \times \frac{5}{12}$

④ $\frac{4}{7} \times \frac{1}{6}$

⑤ $\frac{3}{4} \times \frac{8}{9}$

⑥ $\frac{11}{9} \times \frac{3}{22}$

⑦ $\frac{7}{100} \times \frac{25}{28}$

⑧ $\frac{9}{4} \times \frac{4}{3}$

⑨ $\frac{3}{5} \times \frac{7}{6} \times \frac{4}{9}$

⑩ $\frac{3}{4} \times \frac{8}{5} \times \frac{10}{9}$

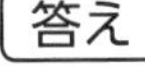

答え　① $\frac{24}{35}$　② $\frac{55}{27}$ $\left(2\frac{1}{27}\right)$　③ $\frac{5}{32}$　④ $\frac{2}{21}$　⑤ $\frac{2}{3}$　⑥ $\frac{1}{6}$　⑦ $\frac{1}{16}$　⑧ 3　⑨ $\frac{14}{45}$　⑩ $\frac{4}{3}$ $\left(1\frac{1}{3}\right)$

6年

3 分数のわり算（1）

名前　　組　　番　　　点

10点×10

計算をしましょう。

① $\frac{4}{7} \div 2$

② $\frac{9}{10} \div 3$

③ $\frac{3}{5} \div 7$

④ $\frac{5}{6} \div 3$

⑤ $\frac{4}{9} \div 2$

⑥ $\frac{5}{7} \div 5$

⑦ $\frac{9}{11} \div 6$

⑧ $\frac{12}{13} \div 9$

⑨ $\frac{21}{23} \div 14$

⑩ $\frac{25}{7} \div 100$

答え　① $\frac{2}{7}$　② $\frac{3}{10}$　③ $\frac{3}{35}$　④ $\frac{5}{18}$　⑤ $\frac{2}{9}$　⑥ $\frac{1}{7}$　⑦ $\frac{3}{22}$　⑧ $\frac{4}{39}$　⑨ $\frac{3}{46}$　⑩ $\frac{1}{28}$

6年

4 分数のわり算（2）

名前　　組　　番　　　点

10点×10

計算をしましょう。

① $\frac{3}{5} \div \frac{5}{7}$

② $\frac{5}{8} \div \frac{2}{3}$

③ $\frac{3}{7} \div \frac{3}{4}$

④ $\frac{7}{10} \div \frac{3}{2}$

⑤ $\frac{5}{8} \div \frac{15}{16}$

⑥ $\frac{15}{6} \div \frac{10}{9}$

⑦ $\frac{27}{100} \div \frac{18}{25}$

⑧ $\frac{14}{3} \div \frac{7}{9}$

⑨ $\frac{2}{3} \div \frac{8}{5} \div \frac{7}{9}$

⑩ $\frac{3}{14} \div \frac{6}{5} \times \frac{21}{10}$

答え　① $\frac{21}{25}$　② $\frac{15}{16}$　③ $\frac{4}{7}$　④ $\frac{7}{15}$　⑤ $\frac{2}{3}$　⑥ $\frac{9}{4}$ $\left(2\frac{1}{4}\right)$　⑦ $\frac{3}{8}$　⑧ 6　⑨ $\frac{15}{28}$　⑩ $\frac{3}{8}$

まとめ君 6年

5 分数のかけ算 (3)

名前　　組　　番　　点

10点×10

計算をしましょう。

① $4 \times \frac{1}{7}$

② $5 \times \frac{3}{4}$

③ $2 \times \frac{7}{9}$

④ $10 \times \frac{7}{6}$

⑤ $2\frac{2}{3} \times \frac{3}{8}$

⑥ $2\frac{1}{2} \times \frac{4}{10}$

⑦ $\frac{4}{5} \times 2\frac{5}{7}$

⑧ $1\frac{3}{4} \times 2\frac{2}{7}$

⑨ $\left(\frac{7}{9} \times \frac{2}{3}\right) \times \frac{3}{2}$

⑩ $\left(\frac{1}{3} + \frac{2}{5}\right) \times 15$

答え　① $\frac{4}{7}$　② $\frac{15}{4}\left(3\frac{3}{4}\right)$　③ $\frac{14}{9}\left(1\frac{5}{9}\right)$　④ $\frac{35}{3}\left(11\frac{2}{3}\right)$　⑤ 1　⑥ 1　⑦ $\frac{76}{35}\left(2\frac{6}{35}\right)$　⑧ 4　⑨ $\frac{7}{9}$　⑩ 11

6年

6 分数のわり算（3）

名前　　組　　番　　　点

10点×10

計算をしましょう。

① $3 \div \frac{7}{2}$

② $8 \div 1\frac{3}{5}$

③ $\frac{9}{7} \div 12$

④ $13 \div 2\frac{8}{9}$

⑤ $\frac{2}{3} \div 2\frac{3}{4}$

⑥ $\frac{5}{6} \div 1\frac{2}{7}$

⑦ $1\frac{3}{4} \div \frac{14}{15}$

⑧ $3\frac{3}{8} \div 5\frac{1}{4}$

⑨ $\frac{3}{5} \times \frac{4}{9} \div \frac{8}{7}$

⑩ $\frac{7}{6} \div 14 \times \frac{9}{8}$

答え　① $\frac{6}{7}$　② 5　③ $\frac{3}{28}$　④ $\frac{9}{2}\left(4\frac{1}{2}\right)$　⑤ $\frac{8}{33}$　⑥ $\frac{35}{54}$　⑦ $\frac{15}{8}\left(1\frac{7}{8}\right)$　⑧ $\frac{9}{14}$　⑨ $\frac{7}{30}$　⑩ $\frac{3}{32}$

まとめ君 6年

7 分数・小数・整数のまじったかけ算・わり算 (1)

名前　　組　　番　　　点

20点×5

計算をしましょう。

① $0.4 \div \frac{2}{3} \times 5$

② $3 \times \frac{2}{7} \div 1.4$

③ $\frac{7}{10} \div 7 \div 0.8$

④ $3.6 \times 2 \div \frac{9}{10}$

⑤ $\frac{9}{5} \div 2.7 \div 4$

答え　① 3　② $\frac{30}{49}$　③ $\frac{1}{8}$　④ 8　⑤ $\frac{1}{6}$

8 分数・小数・整数のまじったかけ算・わり算（2）

名前　組　番　点

20点×5

計算をしましょう。

① $0.14 \times 7 \div 5.6$

② $2.1 \div 3 \div 0.28$

③ $0.6 \div \frac{3}{10} \div 1.8$

④ $\frac{4}{9} \div \frac{5}{6} \div 1.4$

⑤ $0.3 \times 12 \times 8 \div 0.21$

答え　① $\frac{7}{40}$　② $\frac{5}{2}$ $\left(2\frac{1}{2}\right)$　③ $\frac{18}{5}$ $\left(3\frac{3}{5}\right)$　④ $\frac{8}{21}$　⑤ $\frac{20}{21}$

ステージ2

- 難問パズル計算まとめくん
- お金計算まとめくん
- ひらめき計算まとめくん
- 過去問計算まとめくん

いくつできるかちょうせんしよう！

パズル　低学年１

難問（なんもん）　パズル計算（けいさん） まとめくん

なまえ　くみ　ばん　　てん

20点×5

① となりに あった かずを、うえから じゅんに たしざんしていくと、いちばん したが 50 に なりました。□のなかに、あてはまる かずを いれましょう。

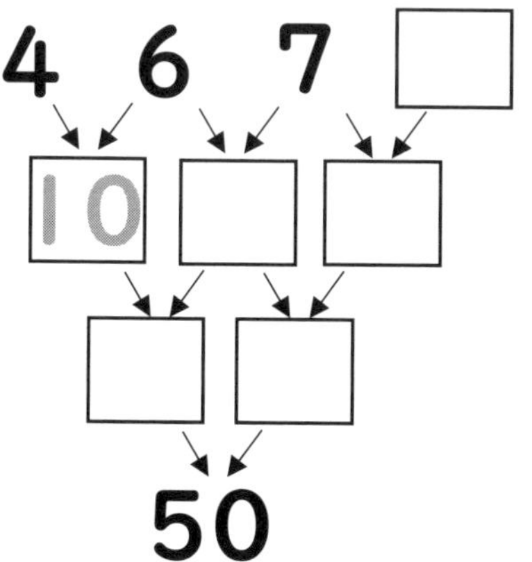
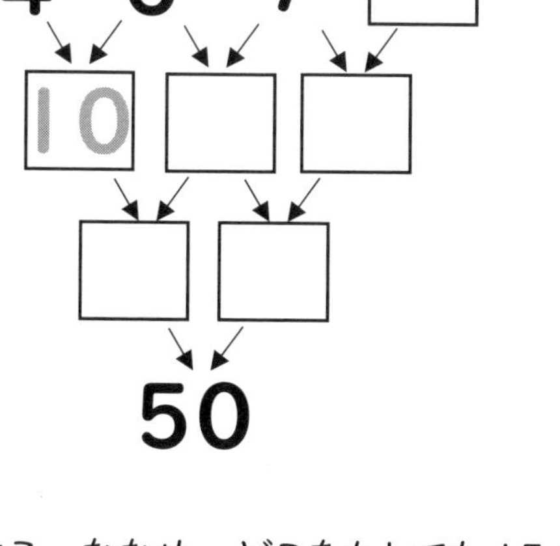

② □のなかに あてはまる すうじを いれましょう。

$$
\begin{array}{r}
1\ 3\ \square\ 4 \\
-\ \ \square\ 6\ \square \\
\hline
8\ 6\ 7
\end{array}
$$

③ ⬭で つながっている ３つのかずを あわせると、15 になります。あいている□に、すうじを いれましょう。

④ たて、よこ、ななめ、どこをたしても 15 になるように、１から９の すうじを マスにいれます。１と３と５のばしょは きまっています。のこりの すうじを あいているところに いれましょう。

3	5	
	1	

2　4　6　7　8　9

⑤ ○、△、□には すうじが はいります。それぞれ すうじを いれましょう。

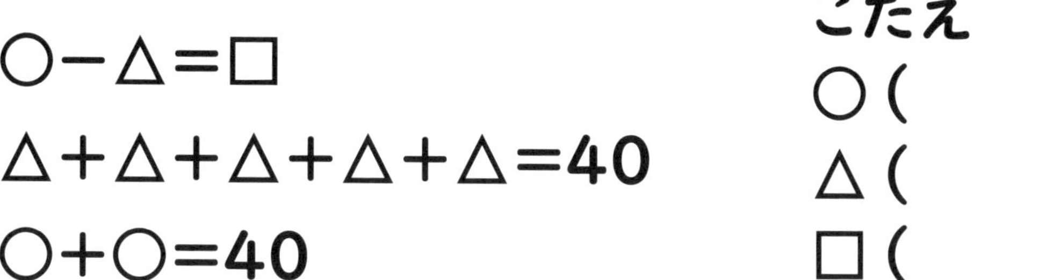
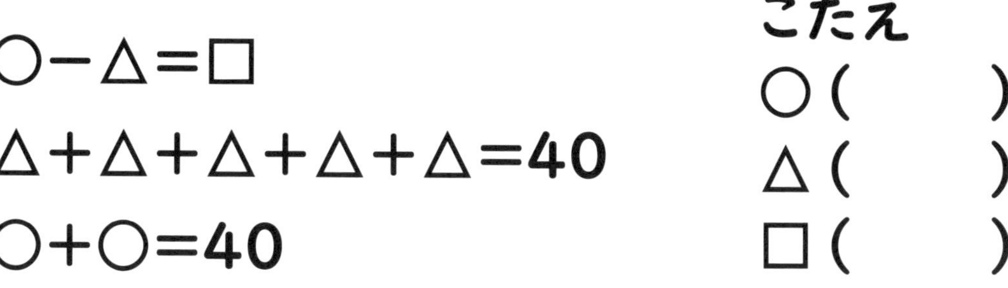

こたえ

① 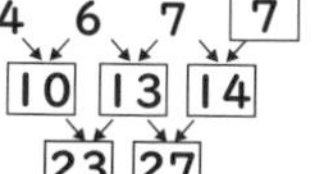 

② 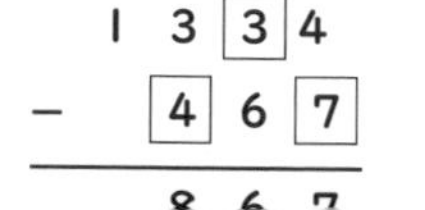

③  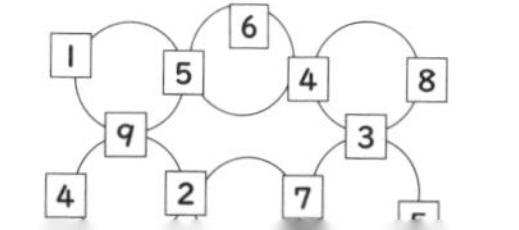

④ 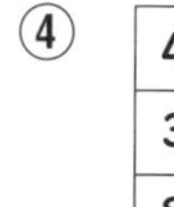 

4	9	2
3	5	7
8	1	6

⑤ こたえ
○（20）
△（ 8）
□（12）

パズル　低学年２

難問(なんもん)　パズル計算(けいさん)まとめくん

なまえ　くみ　ばん　てん

20点×5

① たろうくんは あめを3ことガムを3こ かいました。
じろうくんは あめを1ことガムを3こ かいました。
たろうくんは 270円、じろうくんは190円はらいました。
あめと ガムは それぞれ なん円ですか。

○は あめです　□は ガムです。

ヒント
たろうくん → ○○○□□□
じろうくん → ○□□□

こたえ
あめ（　　）円
ガム（　　）円

② すう字が、つぎのように ならんでいます。
□にはいる すう字を かきましょう。

1，1，2，4，7，□

③ 0，1，2，3，4，5，6，7，8，9のすう字が あります。どのすう字も 1かいずつ つかって、正しいしきを つくりましょう。

8－□＝1
□－□＝3
□－□＝5
□＋□＝7
□＋□＝9

④ かずをつぎのルールのとおりわけていきます。

ルール①
それぞれの かずから でている やじるしの 先のかずを すべてたすと もとのかずとおなじになる。

ルール②
それぞれの だんのかずは、左から 小さいじゅんにならぶ。

15の下にある□に、かずを かきましょう。

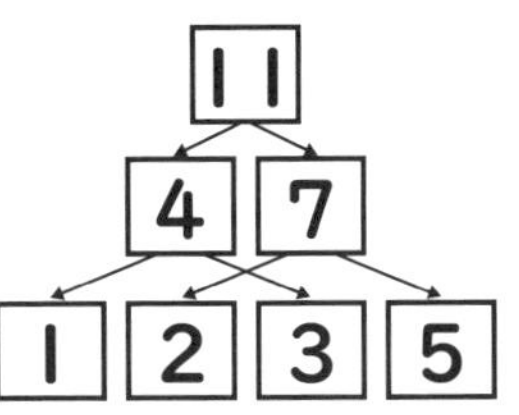

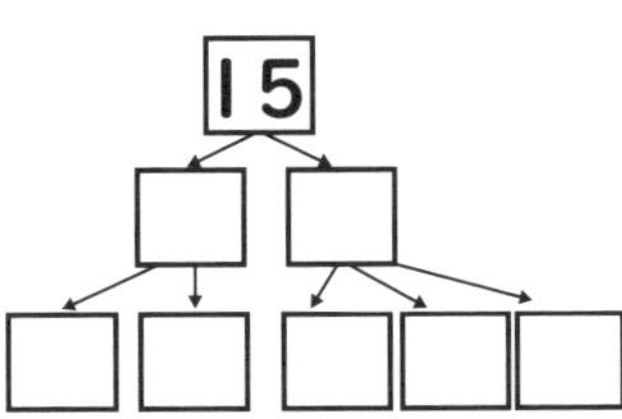

⑤ 1から10までのカードを、下のようにならべました。
たても、よこも、足すと18になりました。
□に すう字を かきましょう。

□	□	□	□
□			10
8	□	□	□

こたえ

① あめ 40円
ガム 50円

② 11

③ 8－7＝1
5－2＝3
6－1＝5
3＋4＝7
9＋0＝9

④

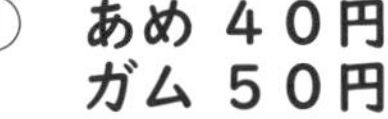

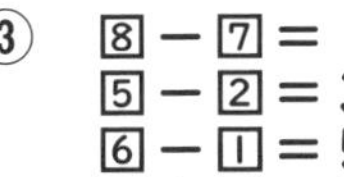
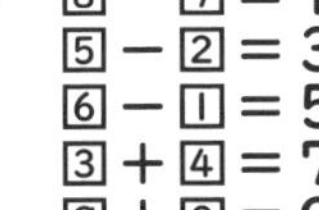
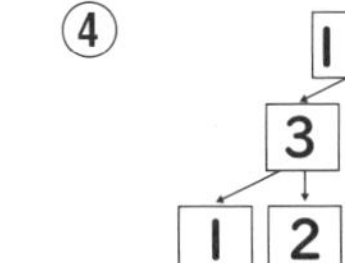

⑤
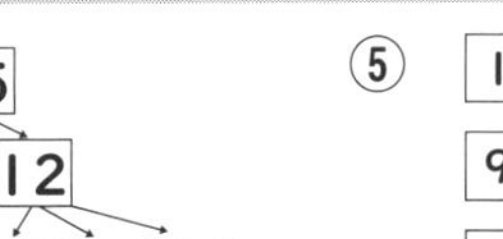

1	7	4	6
9			10
8	3	5	2

いくつできるか挑戦(ちょうせん)しよう！

まとめ君 パズル

中学年 1　難問(なんもん)　パズル計算(けいさん) まとめくん

名前　　組　　番　　　　点

20点×5

① □の中に+、−、×、÷のどれかを入れましょう。

5 □ 5 □ 5 □ 5 ＝ 0
5 □ 5 □ 5 □ 5 ＝ 1
5 □ 5 □ 5 □ 5 ＝ 2

② □にあてはまる数字を入れましょう。

```
    □□
  ×□9
  □4□
  □□
□□77
```

③ (　　) に数字を入れましょう。

○＋○＋●＝ 7
＋　＋　＋
●＋□＋■＝16
＋　＋　＋
△＋△＋★＝15
＝　＝　＝
9　11　18

○は (1)
●は (　　)
□は (　　)
■は (　　)
△は (　　)
★は (　　)

④ ○ △ □ ★に、0〜9の数字を1つずつ入れます。
○ △ □ ★の数字はなんでしょうか。
(　　) に数字を入れましょう。

○は (　　)
△は (　　)
□は (　　)
★は (　　)

⑤ □にあてはまる数字を入れましょう。

```
   □□□
9)92□
  □
   □□
   □□
    4
```

こたえ

① 5 × 5 − 5 × 5 ＝ 0
5 × 5 ÷ 5 ÷ 5 ＝ 1
5 ÷ 5 ＋ 5 ÷ 5 ＝ 2

②
```
   83
  ×19
  747
  83
```

③ ○は (1)
●は (5)
□は (7)
■は (4)

④ ○は (2)
△は (3)
□は (6)

⑤
```
   102
9)922
  9
   22
   18
```

パズル

中学年 2

難問(なんもん)　パズル計算(けいさん) まとめくん

名前　　組　　番　　点

20点×5

① □にあてはまる数字を入れます。
ア、イ、ウに入る数字をたすと、いくつになりますか。

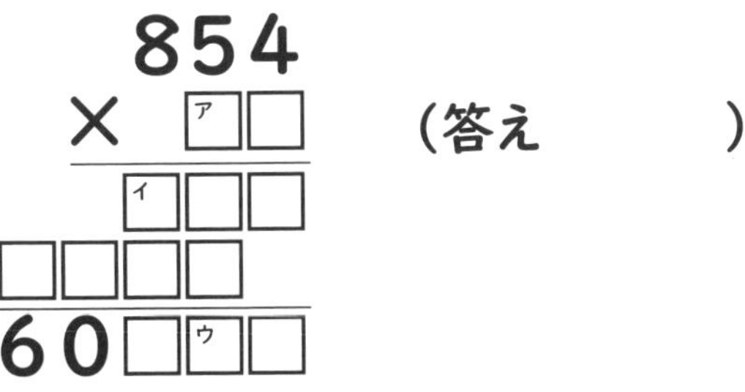

（答え　　　）

② 5と□をかけ、その数に40をたすと100になります。□の数はいくつでしょう。

（答え　　　）

③ たて、横、ななめ、どの列も3つの和がひとしくなっています。
㋐はいくつでしょう。

	㋐	
		23
26	21	28

（答え　　　）

④ ○と△には、それぞれ同じ数が入ります。
○と△に入る数はなんでしょう。

○×△＝36

○÷△＝ 4

○は（　　）
△は（　　）

⑤ □にはある数字が入ります。
あまりが1になります。
□にあてはまる数字を入れましょう。

□62 ÷ 7

答え　① 854 × ア7 1 ／ イ8 5 4 ／ 5 9 7 8 ／ 6 0 6 ウ3 4　（18）　② 12　③ 29　④ ○は 12　△は 3　⑤ 1 または 8

いくつできるか挑戦しよう！

まとめ君 パズル

高学年1

難問　パズル計算 まとめくん

名前　　　組　　　番　　　　点

20点×5

① たて、横、ななめ、どの列も3つの和がひとしくなっています。あいているところに数を入れましょう。

- 3つの和は、3です。
- 入る数は、小数第一位までの数です。
- 同じ数は2回以上使いません。

1.3		
0.8	1.0	

② A～Fには、数字がはいります。
（　）に書きましょう。

- A～Fは、1～7のどれかです。それぞれちがう数字です。
- A＋B＋E＝A＋C＋F＝A＋D＋G
- B＋C＋D＝E＋F＋G

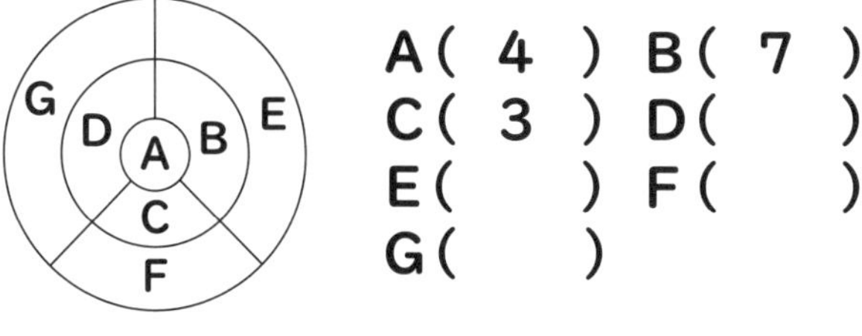

A（ 4 ）　B（ 7 ）
C（ 3 ）　D（　）
E（　）　F（　）
G（　）

③ □に入る数はいくつですか。

$$\frac{5}{9}=\frac{1}{3}+\frac{1}{6}+\frac{1}{\square}$$

④ 1～9までの数字の間に、＋、－、×、÷を入れて、答えが100になるようにしましょう。

- （　）をつかってもよいです。
- ならんだ数字を「123」「45」のようにしてもよいです。

1　2　3　4　5　6　7　8　9＝100

⑤ □に入る数はいくつですか。

$$100\div199=\frac{1}{\boxed{2}}+\frac{1}{\square}$$

こたえ

①

1.3	0.6	1.1
0.8	1.0	1.2

② A（4）B（7）C（3）D（2）E（1）F（5）

③ $\frac{5}{9}=\frac{1}{\boxed{3}}+\frac{1}{\boxed{6}}+\frac{1}{\boxed{18}}$

④ これ以外にも解があります。
1＋2＋3＋4＋5＋6＋7＋8×9＝100

⑤ $100\div199=\frac{1}{\boxed{2}}+\frac{1}{\boxed{398}}$

パズル

高学年 2

難問(なんもん)　パズル計算(けいさん) まとめくん

名前　　組　　番　　　点

20点×5

① A〜F にはいる数字はいくつですか。

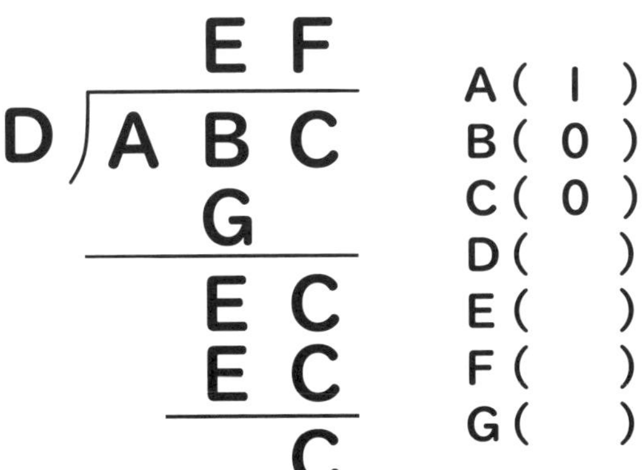

A（ 1 ）
B（ 0 ）
C（ 0 ）
D（　　）
E（　　）
F（　　）
G（　　）

② ○+□=○×□となる数を（　　）に書きましょう。
ただし、○は1けたの数。
□は小数第一位まで続く数とします。

例えば、3+1.5=3×1.5

○（ 6 ）
□（　　）

③ A,B,C に入る数はいくつですか。

A ÷ B ÷ C = 5
A ÷ B − C = 16
A − B = 95

A（　　） B（　　） C（ 4 ）

④ 5つの連続した整数を足した答えが385になりました。
5つの連続した整数を、（　　）に書きましょう。

（例）10+11+12+13+14+15=75

（　　）（　　）（　　）（　　）（　　）

⑤ 太郎君、次郎君は、何才でしょう。
（　　）に書きましょう。

・次郎君の年は、太郎君の年の0.75倍です。
・太郎君は、次郎君より3才年上です。

太郎君（　　）
次郎君（　　）

答え
① A（1）B（0）C（0）D（4）E（2）F（5）G（8）
② ○（6）□（1.2）
③ A（100）B（5）C（4）
④（75）（76）（77）（78）（79）
⑤ 太郎君（12才）次郎君（9才）

まとめ君

お金

1年

お金計算まとめくん

なまえ　　くみ　　ばん

てん

10点×10

1 お金をかぞえましょう。うすい字はなぞりましょう。

レベル1

① 5 円

② 円

レベル2

③ 40 円

④ 円

レベル3

⑤ 50 円

⑥ 円

⑦ 円

レベル4

⑧ 円

⑨ 円

⑩ 円

こたえ ① 5円 ② 13円 ③ 40円 ④ 25円 ⑤ 50円 ⑥ 100円 ⑦ 230円 ⑧ 161円 ⑨ 301円 ⑩ 165円

1 ラーメンもんだいです。おさいふから出す金がく、おつりの金がく、のこっている金がくを書きましょう。

しょうゆラーメン

850 円

おさいふから出す金がく 900 − 850 = ①

① おつり　円

② のこっている金がく　円

みそラーメン

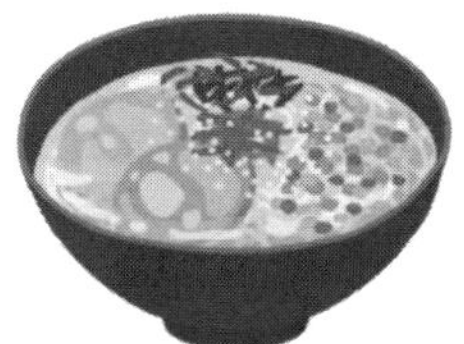

880 円

③ おさいふから出す金がく − 880 = ④

④ おつり　円

⑤ のこっている金がく　円

もやしラーメン

メンマ 100円

850 円

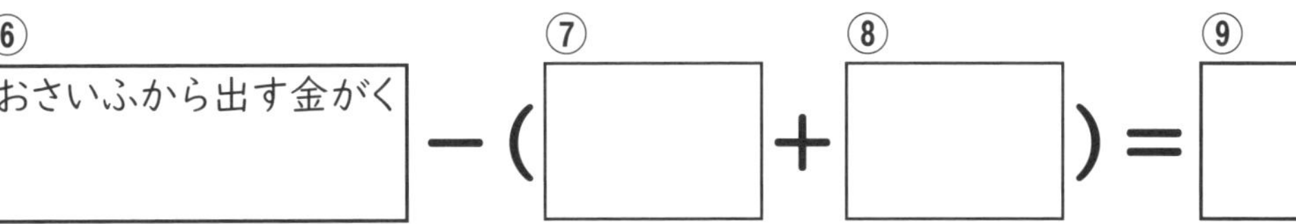

⑨ おつり　円

⑩ のこっている金がく　円

こたえ ① 50 円 ② 80 円 ③ 1000 円 ④ 120 円 ⑤ 140 円 ⑥ 1000 円 ⑦ 850（100）円 ⑧ 100（850）円 ⑨ 50 円 ⑩ 150 円

まとめ君
お金

3年 お金計算まとめくん

名前　　組　　番　　　　点

20点×5、15点×4

1 1000円をこえないように、カレーのざいりょうをえらびます。
A．B．Cの買い物を計算しましょう。1000円をこえないのは
ABCのどれでしょう。○をつけましょう。

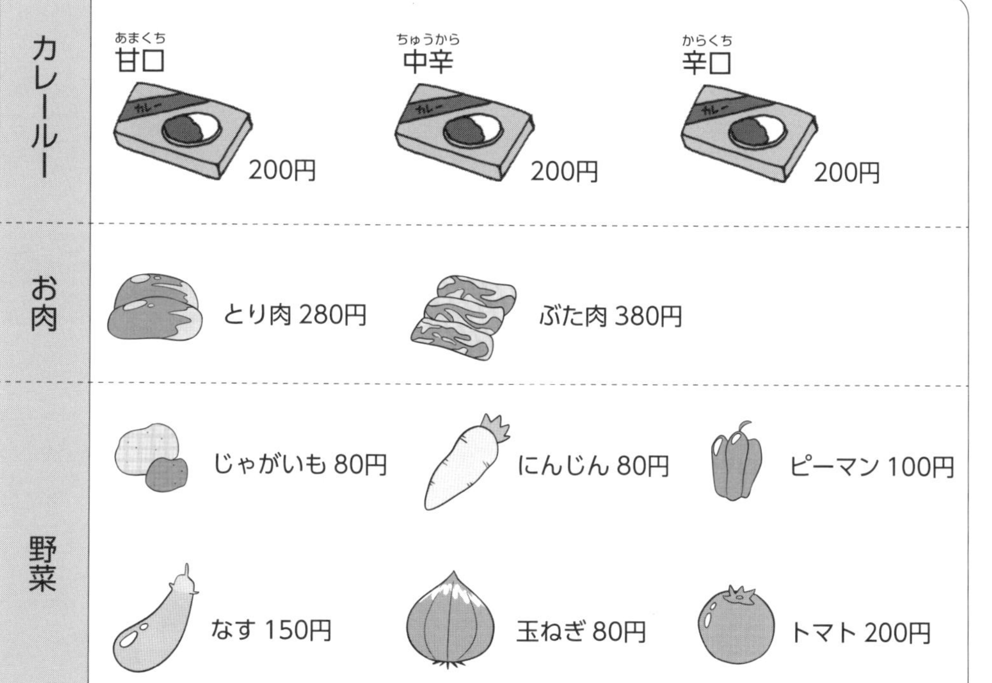

カレールー	甘口（あまくち） 200円	中辛（ちゅうから） 200円	辛口（からくち） 200円
お肉	とり肉 280円	ぶた肉 380円	
野菜	じゃがいも 80円	にんじん 80円	ピーマン 100円
	なす 150円	玉ねぎ 80円	トマト 200円

（　　）A. 甘口カレールー＋ ぶた肉 ＋トマト ＋ なす ＋ 玉ねぎ
（　　）B. 中辛カレールー＋ ぶた肉 ＋ なす ＋ じゃがいも ＋ ピーマン＋玉ねぎ
（　　）C. 辛口カレールー＋ とり肉 ＋ にんじん ＋ ピーマン ＋じゃがいも ＋ なす ＋ 玉ねぎ

2 さいふにいくら入っていますか。□に書きましょう。
A・Bのどちらのサイフがいくら多いでしょう。

A
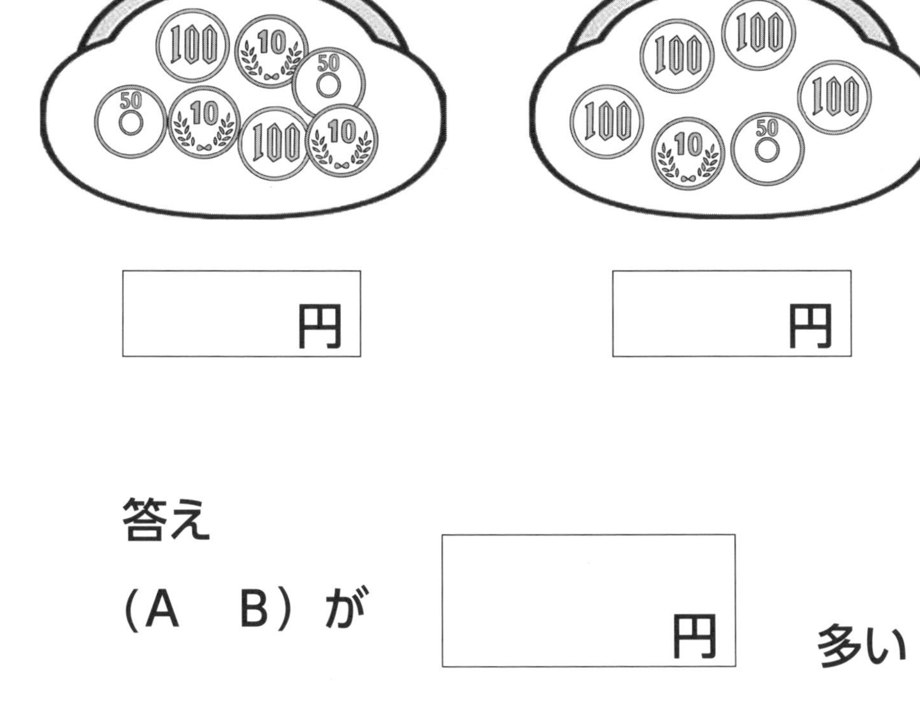

□円

B
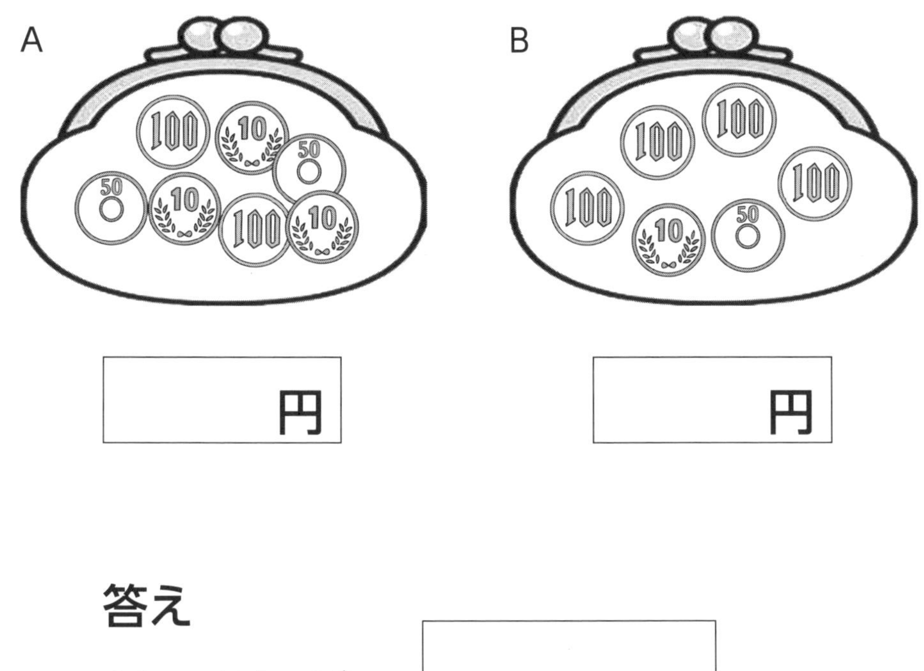

□円

答え
（A　B）が □円 多い

答え　① B　C
② A 330円　B 460円　　答え Bが130円多い。

まとめ君 お金

4年 **お金計算まとめくん**

名前　　組　　番　　　点

10点×10

1 おこづかいは1か月4000円です。4週間のおこづかいちょうの表を見て、㋐～㋕はいくらになるか、書きましょう。

	月	火	水	木	金	土	日	使ったお金	残金
1週目	えんぴつ 100円	カップめん 60円		ノート 100円	あめ 150円		お手伝いして 100円もらう	410円	3690円
2週目	本 300円	ノート 100円			チョコレート 100円	パン 200円	まんが 300円	㋐	㋑
3週目	マンガ 300円	消しゴム 100円		ジュース 150円			チョコレート 100円	㋒	㋓
4週目		カップめん 60円	おもちゃ 340円	本 1000円	ポテトチップス 100円	お手伝いして 100円もらう	友達とお祭り 500円	㋔	㋕

2 メニューを見て答えましょう。

単品メニュー

しょうゆラーメン	640円
みそラーメン	740円
塩ラーメン	700円
ワンタンメン	800円
チャーシューメン	920円
かえ玉	100円
ぎょうざ 6個	330円
ぎょうざ 10個	550円
ごはん 小	100円
ごはん 大	150円

セットメニュー

※全てのラーメンとセットできます。

・チャーハンセット　ラーメン価格＋150円

・ぎょうざ（3個）ライスセット　ラーメン価格＋200円

ドリンク

コーラ	300円
オレンジジュース	300円

① チャーシューメンとぎょうざ6個、ご飯小、オレンジジュースを注文します。いくらになりますか。

式　　　　答え

② みそラーメンのチャーハンセットとぎょうざ6個を注文します。いくらになりますか。

式　　　　答え

答え　1 ㋐ 1000円　㋑ 2690円　㋒ 650円　㋓ 2040円　㋔ 2000円　㋕ 140円

2 ① 式 920+330+100+300=1650　答え 1650円　② 式 740+150+330 ＝ 1220　答え 1220円

まとめ君 お金

5年

お金計算まとめくん

名前　　組　　番　　　点

20点×2　15点×4

[1] それぞれのお金（硬貨（こうか））の重さをもとにして答えましょう。

㋐	㋑	㋒	㋓	㋔	㋕
500	100	50	10	五円	1
7.1g	4.8g	4g	4.5g	3.75g	1g

① お金（硬貨（こうか））を重い順に並べましょう。記号で書きましょう。　完答（20点）

（　　）➡（　　）➡（　　）➡（　　）➡（　　）➡（　　）

② 硬貨（こうか）を一番少ない数で 100 gにするには、それぞれの硬貨（こうか）を何枚使えばよいでしょう。　完答（20点）

500円玉	7.1 g	（　　）枚
100円玉	4.8 g	（　　）枚
50円玉	4 g	（　　）枚
1円玉	1 g	（　　）枚

[2] お金（お札）の重さをもとに答えましょう。
1億円は1万円札で10kgです。

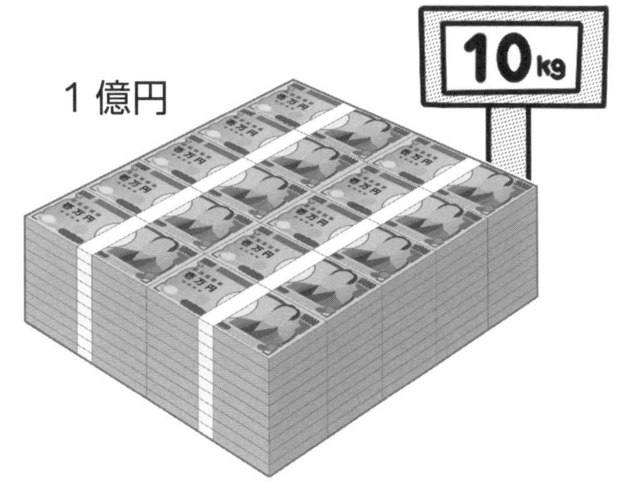

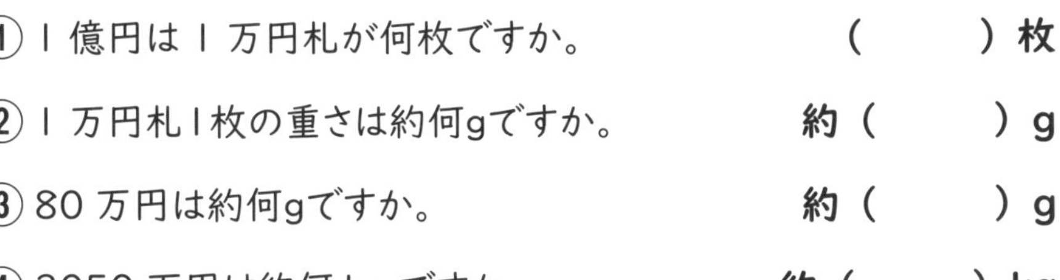

① 1億円は1万円札が何枚ですか。　（　　）枚

② 1万円札1枚の重さは約何gですか。　約（　　）g

③ 80万円は約何gですか。　約（　　）g

④ 3050万円は約何kgですか。　約（　　）kg

答え
[1] ① ㋐➡㋑➡㋓➡㋒➡㋔➡㋕　② 500円玉 10（枚）　100円玉 5（枚）　50円玉 1（枚）　1円玉 1（枚）
[2] ① 10000　② 1　③ 80　④ 3.05

6年 **お金計算まとめくん**

名前　　組　　番　　　点

5点×20

1 おつりの金額を記号で書きましょう。消費税を計算しましょう。（各5点）

うすい字はなぞりましょう

ア イ ウ エ オ カ

○○ SHOP
領収書
・・・
小計　2000円
合計（税込）　2200円
お預かり　2500円
消費税 10%　200円
おつり
エ エ エ

△△ SHOP
領収書
・・・
小計　5000円
合計（税込）　5400円
お預かり　10000円
消費税 8%　400円
おつり
イ イ イ イ ウ エ

○○ SHOP
領収書
・・・
・小計　10000円
合計(税込)　11000円
お預かり　15000円
消費税 10%　①(　　)円
② おつり

○○ SHOP
領収書
・・・
・小計　25000円
合計(税込) ③(　　)円
お預かり　30000円
消費税 10%　④(　　)円
⑤ おつり

2 たてと横の金額を合わせた金額を書きましょう。（各5点）

たし算しましょう	10円・5円	10円・100円	100円・10000円
100円・50円	①　円	②　円	③　円
500円・50円	④　円	⑤　円	⑥　円
1000円・1円	⑦　円	⑧　円	⑨　円

3 くつとTシャツを買いました。支払う金額はいくらでしょう。（各5点）

2000円
30%割引

1000円
50%割引

答え ＿＿＿＿

答え
1 ① 1000円 ② イイイイ ③ 27500円 ④ 2500円 ⑤ イイウ
2 ① 165円 ② 260円 ③ 10250円 ④ 565円 ⑤ 660円 ⑥ 10650円 ⑦ 1016円 ⑧ 1111円 ⑨ 11101円
3 1900円

ひらめき

1年　ひらめき計算(けいさん)まとめくん

なまえ　くみ　ばん

てん

20点×5

① □にあてはまるかずをかきましょう。

1，2，4，□，□，16

② □にあてはまるえをかきましょう。

11 ＋ Ɛ3 ＝ 1⁄4

♡ ＋ Ƨ5 ＝ □

③ ? にあてはまるかずはなんでしょう。

○ ＋ ○ ＝ 10

△ ＋ △ ＋ △ ＝ 9

■ ＋ ■ ＋ ■ ＋ ■ ＝ 8

○ ＋ △ ＋ ■ ＝ ?

こたえ □

④ ? にあてはまるかずはなんでしょう？

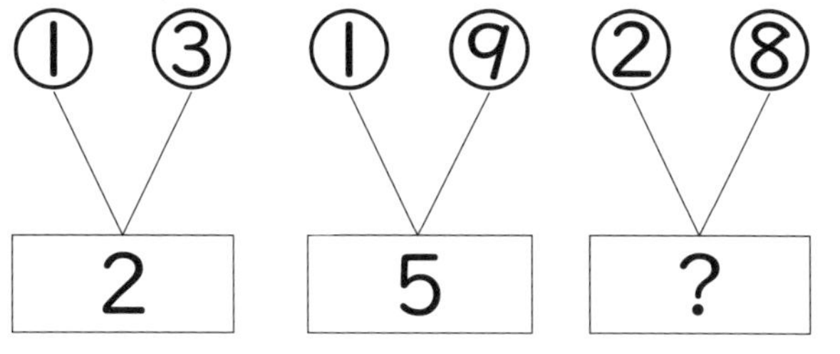

こたえ □

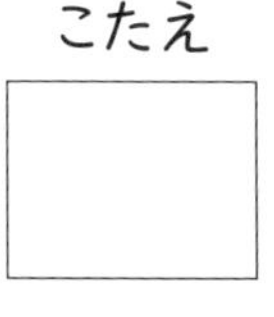

⑤ ? にあてはまるかずはなんでしょう？

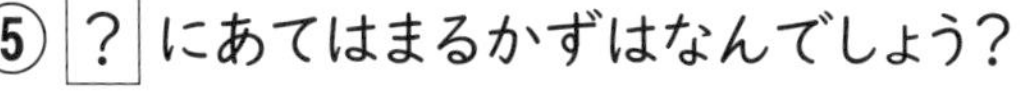

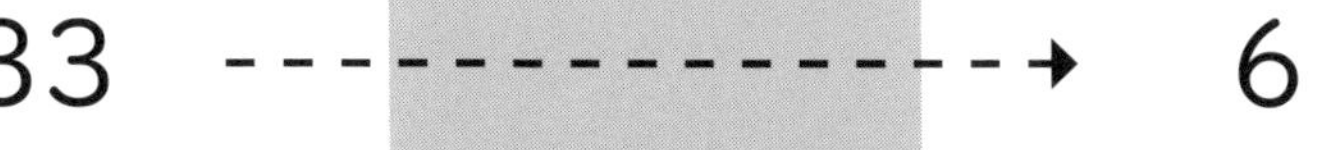

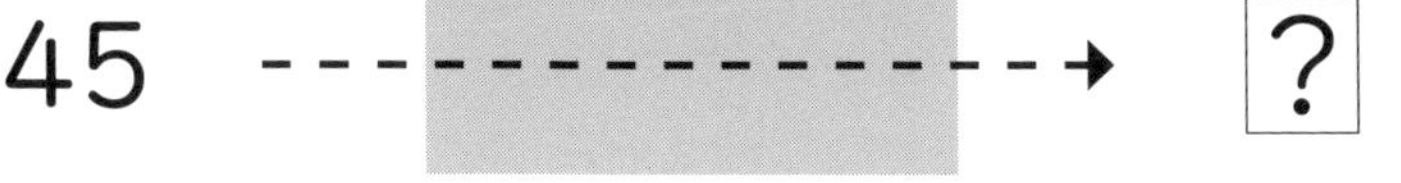

12 → 3

33 → 6

45 → ?

こたえ □

こたえ　① 7、11　② ▽7　③ 10　④ 5　⑤ 9（十のくらいと一のくらいをたす）

2年 ひらめき計算まとめくん

なまえ　くみ　ばん　てん

20点×5

① 40ページの本が8まいやぶけています。
7ページから何ページまでやぶけていますか。

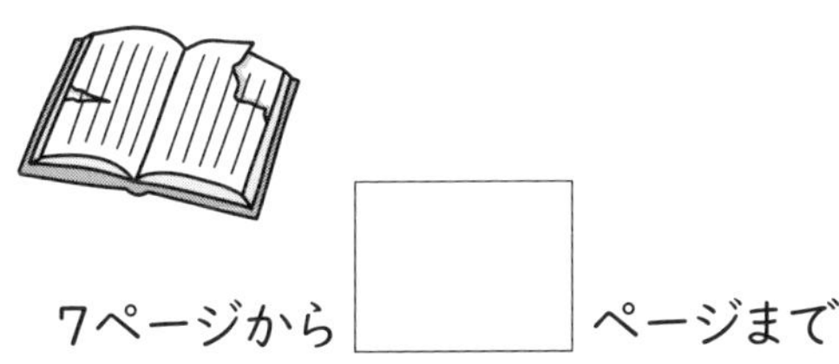

7ページから □ ページまで

② 1本の丸太を2つに切るのに15分かかります。
丸太を4つに切るのには何分かかりますか。

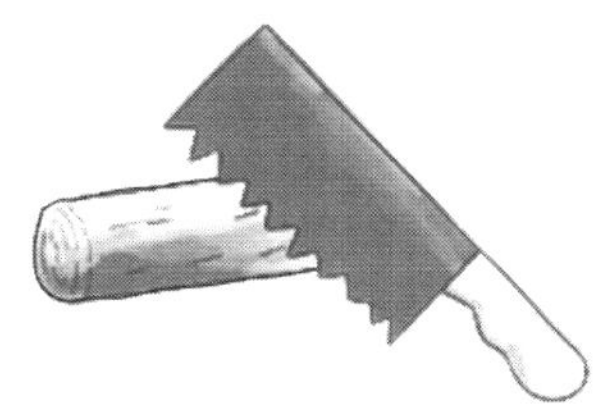

こたえ □ 分

③ 2つの数をたすと30になります。
大きいほうから小さいほうをひくと20になります。
2つの数は何と何ですか。

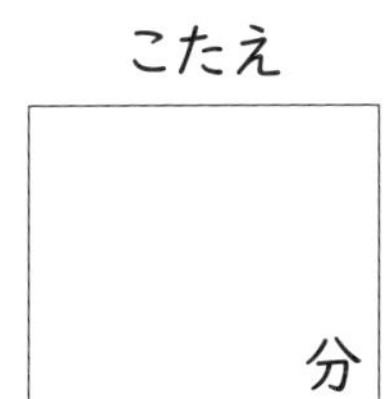

こたえ □ と □

④ ゆうたくんとお姉さんのとしの合計がお母さんのとしと同じになるのは何年後ですか。

7さい　11さい　35さい

こたえ □ 年後

⑤ ? にあてはまるかずはなんでしょう?

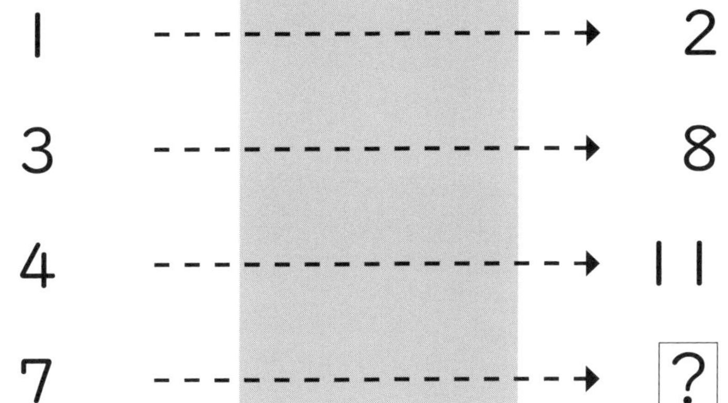

こたえ □

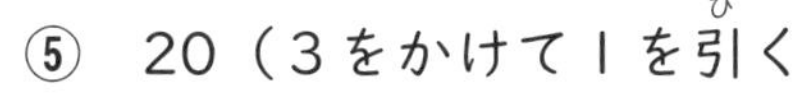
こたえ ① 7ページから22ページまで　② 45分　③ 25と5　④ 17年後
⑤ 20（3をかけて1を引く）

まとめ君 ひらめき

3年 ひらめき計算(けいさん)まとめくん

名前　　組　　番　　点

20点×5

①8 × 4 × 7 ÷ 8 ÷ 7 ÷ 2 × 5

答え

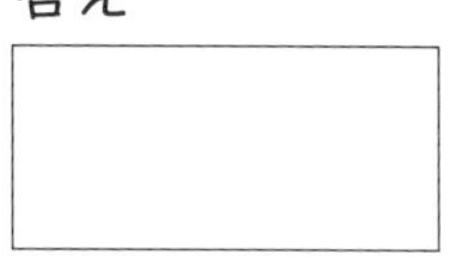

②3、4、5のようにつづいている3つの整数(せいすう)があります。3つの数(かず)をたすと93です。3つの数(かず)はそれぞれいくつですか。

答え

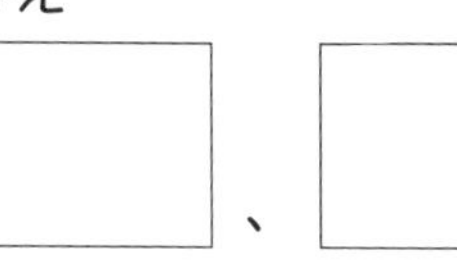

③10この「5」を使(つか)って、たし算(ざん)だけで680になるようにしましょう。

ヒント

555

答え

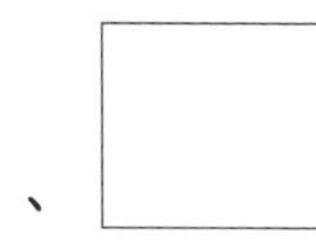

+　+　+　+　+　= 680

④0から9までのカードが1枚(まい)ずつ全部(ぜんぶ)で10枚(まい)あります。
□に入(はい)る数(かず)を書(か)きましょう。

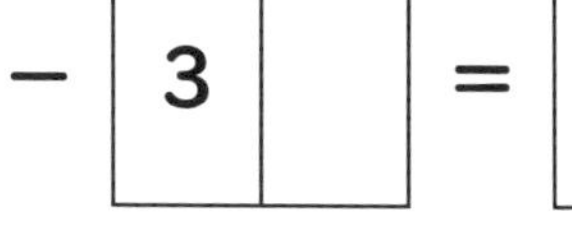

		2	

−

		5

−

3	

= 4

⑤ ? にあてはまるかずはなんでしょう?

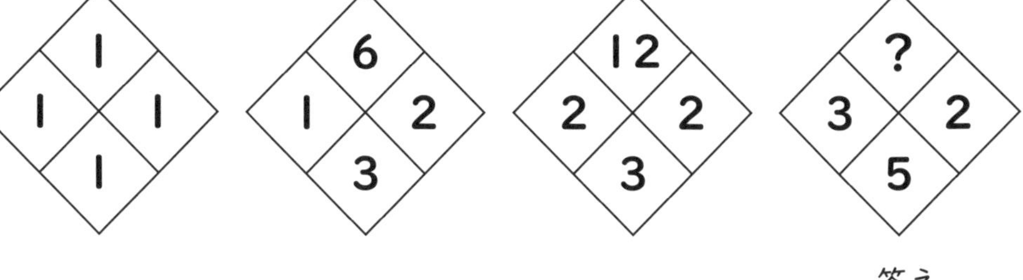

答え

答え　① 10　② 30、31、32　③ 555 + 55 + 55 + 5 + 5 + 5
④ 1026 − 985 − 37 = 4　⑤ 30

4年　ひらめき計算まとめくん

名前　　組　　番　　　点

20点×5

①$21 \times 4 + 4 \times 4 - 40 \times 9 \div 4$

答え

②□にあてはまる数はなんでしょう。

$8 \times 28 \div 4 = 7 \times \square$

答え

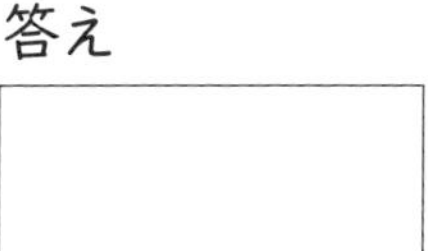

③10この「2」を足したりかけたり引いたりして444になるようにしましょう。（222のように使った場合は3こ使ったことになります。）

答え

④$1.51 - 0.6 + 0.02 - 0.4 + 0.07$

答え

⑤?にあてはまる数はなんでしょう。

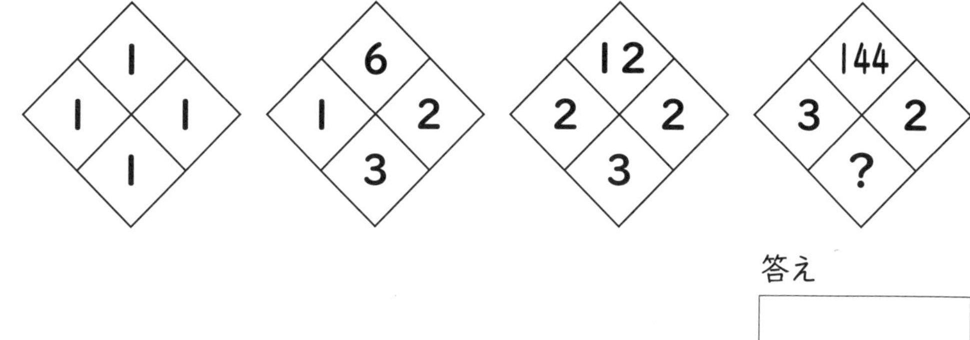

答え

答え ①　10　②　8　③　$22 \times 22 - 22 - 22 + 2 + 2$（例）　④　0.6　⑤ 24

まとめ君 ひらめき

5年

ひらめき計算まとめくん

名前　組　番　　点

20点×5

① A＋B＋C＋D＋E＝150です。
A～Eは連続した5つの整数です。
Aはいくつですか。

答え

② 17×5.9＋13×2.3－1.9×17＋1.7×13

（筑波大附属中）

答え

③ 2.37÷0.003－7.23÷0.03＋13.2÷0.3

（大阪女学院中）

答え

④ ☆には計算のきまりがあります。
□に入る数を書きましょう。

2☆6＝4
11☆5＝8
1☆3＝2
5☆19＝□

答え

⑤ ◎には計算のきまりがあります。
□に入る数を書きましょう。

5◎2＝1
10◎1＝3
12◎3＝3
のとき、
4◎1＝㋐□
18◎㋑□＝4

（参考　文京女子大学中）

答え ㋐

答え ㋑

答え　① 28　② 120　③ 593　④ 12(足して2でわる)　⑤ ㋐1　㋑6(差を3でわった時の商)

6年

ひらめき計算まとめくん

名前　　組　　番　　　点

20点×5

① $123 \times 124 \times 125 \times \left(\frac{125}{124} - \frac{126}{125}\right)$

（立教女学院中）

答え

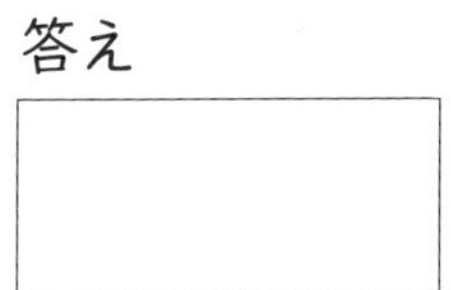

② $\frac{1}{6} + \frac{1}{12} + \frac{1}{20} + \frac{1}{30} + \frac{1}{42} + \frac{1}{56}$

（同志社香里中）

答え

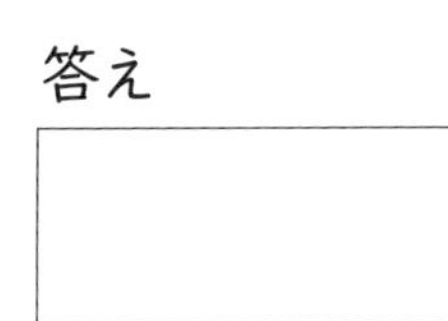

③ $\frac{2943}{17658} + \frac{5823}{17469} + \frac{6729}{13458}$

（関西学院中等部）

答え

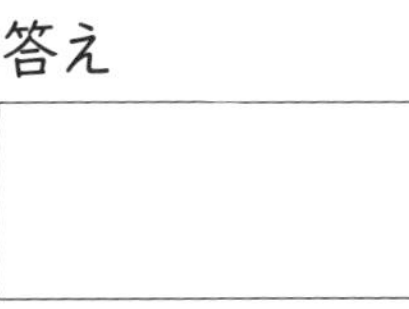

④ $1 \times 2 \times 3 \times 4 \times 5 \times 6 \times 7 \times 8 \times 9 \times 10 = 3628800$ です。
これを利用すると、
$5 \times 6 \times 7 \times 8 \times 9 \times 10 \times 11 \times 12 \times 13 \times 14$
はいくつでしょう。

答え

⑤ $\frac{1}{3} \times 0.25 + 0.25 \times 0.2 + 0.2 \times \frac{1}{6} - \frac{1}{6}$

（成城学園中）

答え

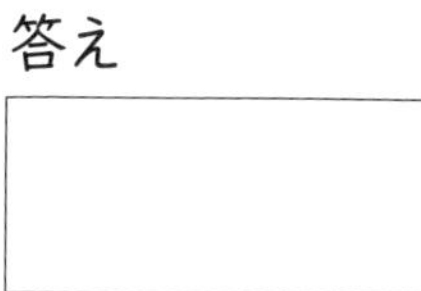

答え　① 123　② $\frac{3}{8}$　③ 1　④ 3632428800　⑤ 0

まとめ君 過去問

3年

ハイレベル 過去問計算まとめくん

名前　　組　　番　　　点

20点×5

★次の計算をしましょう。

① $44 \times 44 - 33 \times 33 - 22 \times 22 - 11 \times 11$
（桜美林中）

答え

② $(321 + 323 + 325 + 327 + 329) - (320 + 322 + 324 + 326 + 328)$
（帝塚山中・改）

答え

③ $23 \times 19 + 23 \times 18 - 37 \times 13$
（品川女学院中・改）

答え

④ $(20 + 3) \times (20 - 3)$
（東海大附属高輪台・改）

答え

⑤ $(100 + 99 - 98 + 97 - 96 + \dots - 2 + 1) - (100 - 99 + 98 - 97 + 96 - \dots + 2 - 1)$
（大阪桐蔭）

答え

答え　① 242　② 5　③ 370　④ 391　⑤ 100

まとめ君 過去問

4年

ハイレベル 過去問計算まとめくん

名前　　組　　番　　　点

20点×5

★次の計算をしましょう。

① $19.19+28.28+37.37+46.46+55.55+64.64+73.73+82.82+91.91$

（大阪桐蔭）

答え

② $729\div27+63\times8\div9$

（横浜共立）

答え

③ $25\times4\times3-48\div3\times4-72\div12\div3+15\times12\div4$

（明治学院中）

答え

④ $1\frac{1}{11}+2\frac{2}{11}+3\frac{3}{11}+4\frac{4}{11}+5\frac{5}{11}+6\frac{6}{11}+7\frac{7}{11}+8\frac{8}{11}+9\frac{9}{11}+10\frac{10}{11}$

（市川中）

答え

★□に当てはまる数をもとめましょう。

⑤ 1時間13分÷□分□秒＝52あまり12秒

（ラ・サール中）

答え

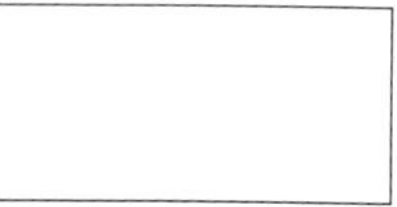

答え ① 499.95 ② 83 ③ 279 ④ 60 ⑤ 1分24秒

まとめ君 過去問

5年 ハイレベル 過去問計算まとめくん

名前　　組　　番　　　点

20点×5

★次の計算をしましょう。

① $1.37 \times 2.46 - 36.17 \times 0.06$
（栄光学園中）

答え

② $95 \times 62.8 - 9.5 \times 314 - 4500 \times 3.14$
（神奈川大附）

答え

③ $121 \div 7 - 46 \div 14 - 5$
（東京学芸大学附属竹早中）

答え

④ $0.78 \div 0.2 \div 0.01 - 12.5 \times 0.02 \div 0.005$
（明治大学附属中野中）

答え

⑤ $4523.52 \div 31 - 64.2 \times 2.1$
（大阪桐蔭）

答え

答え ① 1.2 ② 1570 ③ 9 ④ 340 ⑤ 11.1

6年　ハイレベル 過去問計算まとめくん

名前　　組　　番　　　点

20点×5　15点×4

★次の計算をしましょう。

① $\frac{1}{2\times3\times4}+\frac{1}{3\times4\times5}+\frac{1}{4\times5\times6}+\frac{1}{5\times6\times7}+\frac{1}{6\times7\times8}$

（奈良学園）

答え

★□に当てはまる数をもとめましょう。

② $3-\left(\frac{1}{2}\div0.25-\square\right)\times\left(1-\frac{7}{23}\right)=2$

（ラ・サール中）

答え

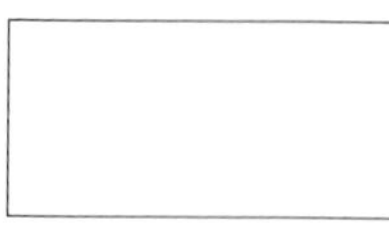

③ $1-1\div[1+1\div\{1-1\div(1+1\div\square)\}]=\frac{14}{15}$

（聖光学院中）

答え

④ $\{(5+\square)\times5-5\div5\}\div5=5$

（浅野中）

答え

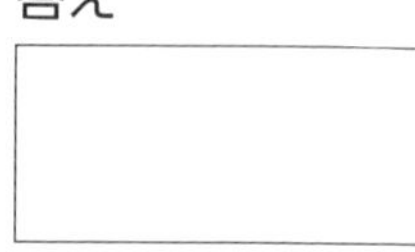

⑤ $\{(7.2-1.2\div\square)\times0.3+5\times(4.26-3.18)\}\div1\frac{1}{2}=4\frac{1}{25}$

（慶應義塾中等部）

答え

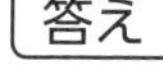

答え　① $\frac{25}{336}$　② $\frac{9}{16}$　③ 13　④ $\frac{1}{5}$　⑤ 0.24

全学年計算まとめくん

2025年1月23日　　　第1版第1刷発行

監修	向山 洋一
著者	板倉 弘幸　師尾 勇生
	林 健広　　利田 勇樹
企画	師尾 喜代子
表紙デザイン	師尾 有紀江
イラスト	Meika
発行所	株式会社 騒人社
	〒142-0064 東京都品川区旗の台2-4-11
	TEL 03-5751-7662　FAX 03-5751-7662
会社HP	https://www.soujin-sha.com/
組版・印刷・製本	日本ハイコム株式会社

ISBN　978-4-88290-101-3　C8537

【監修】

向山 洋一（むこうやま よういち）

東京都出身。東京学芸大学社会科卒業。TOSS（Teacher's Organization of Skill Sharing）創始者。TOSS 最高顧問。日本教育技術学会名誉顧問。千葉大学非常勤講師、上海師範大学客員教授などの経歴をもつ。著書多数。「モンスターペアレント」「黄金の 3 日間」など教育用語を考案・提唱。

【著者】

板倉 弘幸（いたくら ひろゆき）

台東区立大正小学校を定年退職後、再任用を経て、現在も同校で学力向上推進ティチャーとして勤務。算数少人数教育に関わりながら。個別指導の研鑽にも励む。著書「算数少人数教室実践者必携ハンドブック」学芸みらい社他、共著・校閲本多数。

師尾 勇生（もろお ゆうき）

神奈川県出身。青山学院大学理工学部卒。半導体技術者として社会人経験後、東京都公立小学校に勤務。在外教育施設文部科学省派遣教員。公益財団法人 海外子女教育振興財団 日本人学校教育 DX 推進調査専門委員。著書「全学年漢字まとめくん（共著）騒人社」他

林 健広（はやし たけひろ）

山口県下関市公立小学校に勤務。TOSS 授業技量検定七段。令和 4 年度山口県優秀教師認定（山口県教育委員会より）。単著『ズバッと成功！教室の困難児指導』学芸みらい社、『楽しいモデル作文』明治図書。共著多数。

利田 勇樹（としだ ゆうき）

東京都出身。大学卒業後、 1 年間ワーキングホリデーでニュージーランド滞在中、出会った小学校の先生に憧れ教職を目指す。現在、東京都公立小学校に勤務。「全学年学習用語まとめくん（共著）騒人社」「算数難問 1 問選択システム（編集協力）学芸みらい」他